LATIN STORIES

LATIN STORIES

A GCSE Reader

Henry Cullen

Michael Dormandy

John Taylor

Bristol Classical Press

Published by Bristol Classical Press 2012

Bristol Classical Press, an imprint of Bloomsbury Publishing Plc

Bloomsbury Publishing Plc
50 Bedford Square
London WC1B 3DP
www.bloomsburyacademic.com

Copyright © Henry Cullen 2011

First published by Bristol Classical Press 2011

The author has asserted his rights under the Copyright, Designs and
Patents Act 1988 to be identified as the author of this work.

ISBN: 978-1-85399-746-4

A CIP catalogue record for this book is available from the British Library

Printed and bound in Great Britain by MPG Books Group, Bodmin, Cornwall

This book is produced using paper that is made from wood grown in
managed, sustainable forests. It is natural, renewable and recyclable.
The logging and manufacturing processes conform to the environmental
regulations of the country of origin.

Contents

	page
Preface	6
Abbreviations and Glossing	7
Section 1	8
Section 2	38
Section 3	118
Section 4	148
Appendix: Sources of passages	188

Preface

Latin Stories offers 100 passages of manageable length, chosen for their intrinsic interest and adapted from a wide variety of ancient sources. They are intended to increase fluency in oral and written translation, and to provide practice for GCSE. The book aims to fulfil a perceived need for self-contained reading material suitable for this level. It is designed to be accessible regardless of which Latin course students are using.

Section 1 (by Michael Dormandy) provides thirty passages, starting with very simple stories and building up to the level of the current OCR GCSE paper *Language 1* (A401). Section 2 (by John Taylor) provides twenty exercises for comprehension and translation, broadly in the style of *Language 1* papers (using stories from mythology). Sections 1 and 2 assume the prescribed vocabulary for A401 (about 300 words); everything else is glossed. Section 1 sticks also to the grammar tested in that paper, except that a few fourth and fifth declension nouns are used (glossed, and in forms unlikely to cause difficulty); and the passages sometimes include direct commands (a bizarre omission from the specification, when indirect ones are required). Section 2 additionally makes occasional use of fearing clauses (*timeo + ne*). We hope students can take in their stride these limited trespasses on work which most of them will be covering for the second language paper.

Section 3 (by Henry Cullen) provides thirty passages at the level of the GCSE paper *Language 2* (A402), with its more demanding vocabulary and grammar requirements. Section 4 (by John Taylor) provides twenty exercises for comprehension and translation, in the style of *Language 2* papers (using stories from Greek and Roman history). Sections 3 and 4 in turn assume the prescribed vocabulary for A402 (about 475 words), and again everything else is glossed.

We have not made specific provision for OCR Foundation Tier or for other qualifications (WJEC Certificates, IGCSE), but core vocabulary and grammar are relatively consistent and we hope at least parts of the book will be useful to candidates preparing for any of these examinations. We hope too that the collection may be attractive to older students beginning or returning to Latin.

Michael Dormandy acknowledges kind permission from the Headmaster of Ashford School to use material produced there. We are grateful to Deborah Blake and Ray Davies at BCP for their help.

Henry Cullen
Michael Dormandy
John Taylor

Abbreviations

abl	ablative
acc	accusative
dat	dative
f	feminine
gen	genitive
Gk	Greek
loc	locative
m	masculine
n	neuter
nom	nominative
pl	plural
sg	singular
voc	vocative

Glossing

Glossed words are underlined each time they occur. Hyphenation for abbreviated forms follows the normal convention of replacing the last syllable of the headword with the ending given after the hyphen. In problematic cases the style of the *Oxford Latin Dictionary* has been followed.

Principal parts of verbs are given as far as required by the context. The fourth principal part is given (in GCSE style) as the perfect passive participle (*-us*) rather than the supine (*-um*).

Nouns are given with nominative and genitive, using the hyphen as above. For monosyllabic and irregular words, both forms are given in full (e.g. *flos floris*). Greek genitives of proper names are given where applicable, but only flagged as such if that form occurs in the passage.

Adjectives are given with masculine, feminine (if different) and neuter (hence e.g. *tutus -a -um*; *similis -e*), except that third declension adjectives of the *ingens* type (where the neuter is not differentiated but the stem needs to be shown) are given with nominative and genitive, like nouns (e.g. *dives -itis*).

Phrases and idioms are given without grammar details if they involve words separately familiar (e.g. *consilium capio*) or if a familiar word is combined with an element which does not undergo change (e.g. *in matrimonium duco*).

Section 1

1 *The love of the Trojan prince Paris for Helen of Sparta leads to the outbreak of the Trojan War.*

Menelaus rex Spartae erat. Helena uxor eius erat, et Agamemnon frater. Helena pulcherrima erat. Priamus rex Troiae erat. filius eius, Paris nomine, ad Graeciam navigavit. deinde Spartam advenit. ubi Helenam vidit, eam statim amavit. Helena quoque Paridem amavit.
5 Paris et Helena fugere constituerunt. Paris 'veni!' inquit 'Troiam navigabimus.' tum ad navem festinaverunt. celeriter discesserunt. Paris laetus erat. Menelaus tamen, ubi haec cognovit, iratissimus erat. Paridem punire volebat. Agamemnon, ubi nuntium audivit, quoque iratissimus erat. fratres Troiam capere et Helenam liberare
10 volebant. Agamemnon multos milites et multas naves collegit. tandem mille naves, propter unam feminam pulcherrimam, a Graecia Troiam navigaverunt.

Names

	Menelaus -i *(m)*	Menelaus
	Sparta -ae *(f)*	Sparta *(city in southern Greece)*
	Helena -ae *(f)*	Helen
	Agamemnon -onis *(m)*	Agamemnon
2'	Priamus -i *(m)*	Priam
	Troia -ae *(f)*	Troy
	Paris -idis *(m)*	Paris
	Graecia -ae *(f)*	Greece

Vocabulary

colligo -ere collegi	I collect
mille	thousand
propter	on account of *(+ acc)*

2   *The twins Romulus and Remus are born, and by good fortune*
survive their great-uncle's attempt to kill them.

olim rex <u>Albae Longae</u> duos filios habebat. <u>Numitor</u> <u>natu maior</u> erat;
itaque, post mortem patris, rex esse debebat. <u>Amulius</u> tamen, qui
multos milites habebat, fratrem <u>expulit</u>. itaque <u>Amulius</u> nunc rex
erat. filios <u>Numitoris</u> necare constituit; filiam tamen <u>Vestalem</u> fecit.
5 'sic' inquit 'puella filios numquam habebit.' nomen puellae <u>Rhea</u>
<u>Silvia</u> erat. quamquam <u>Vestalis</u> erat, <u>geminos</u> filios mox <u>peperit</u>, qui
<u>Romulus</u> et <u>Remus</u> vocabantur. <u>Amulius</u>, ubi de <u>infantibus</u> cognovit,
'quis est pater?' iratus rogavit. <u>Rhea Silvia</u> '<u>Mars</u>' inquit 'pater
puerorum est.' <u>Amulius</u>, quod his <u>verbis</u> non credebat, etiam iratior
10 erat. servos iussit pueros in <u>flumen</u> <u>iacere</u>. servi tamen <u>infantes</u> prope
<u>ripam</u> <u>Tiberis</u> reliquerunt. deinde <u>lupa</u>, quae de monte descenderat,
<u>infantes</u> ibi invenit et <u>lacte</u> suo <u>aluit</u>; mox <u>pastor</u> qui in illo loco
habitabat <u>Romulum</u> et <u>Remum</u> servavit.

Names

	Alba -ae Longa -ae *(f)*	Alba Longa *(city in Italy)*
	Numitor -oris *(m)*	Numitor
	Amulius -i *(m)*	Amulius
	Vestalis -is *(f)*	Vestal Virgin *(unmarried priestess)*
5	Rhea -ae Silvia -ae *(f)*	Rhea Silvia
	Romulus -i *(m)*	Romulus
	Remus -i *(m)*	Remus
	Mars Martis *(m)*	Mars *(god of war)*
	Tiber -eris *(m)*	the Tiber

Vocabulary

	natu maior	elder
	expello -ere expuli	I drive out
	geminus -a -um	twin
	pario -ere peperi	I give birth to
7	infans -antis *(m)*	baby
	verbum -i *(n)*	word
	flumen -inis *(n)*	river
	iacio -ere	I throw
	ripa -ae *(f)*	riverbank
11	lupa -ae *(f)*	she-wolf
	lac lactis *(n)*	milk
	alo -ere -ui	I feed
	pastor -oris *(m)*	shepherd

3 *The twin brothers Romulus and Remus have defeated the usurping king Amulius and can now set about founding their own city.*

Romulus: salve, <u>Reme</u>, frater et amice!

Remus: salve, <u>Romule</u>, frater et amice! <u>Amulium</u> tandem vicimus; laetissimus sum.

Romulus: <u>ita vero</u>, <u>Reme</u>; <u>proelium</u> longum et difficile erat, sed
5   nunc novam urbem aedificare possumus.

Remus: <u>certe</u>. sed ubi stabit urbs? quid nomen habebit?

Romulus: <u>Reme</u>, urbem in <u>Palatio</u> aedificare debemus. quod ego fortior quam tu et <u>callidior</u> sum, urbs nomen meum habebit: 'Roma' vocabitur.

10 *Remus:* minime, <u>Romule</u>! ego fortior, ego <u>callidior</u> sum. urbem in <u>Aventino</u> aedificabimus; '<u>Rema</u>' vocabitur.

Romulus: dei hoc constituent: <u>augurium</u> fratri <u>delecto</u> mittent.
       fratres in duobus <u>collibus</u> stant: <u>Romulus</u> in <u>Palatio</u>,
       <u>Remus</u> in <u>Aventino</u>. dei duo <u>auguria</u> mittunt: sex <u>vultures</u>
15   *<u>Remo</u>, deinde <u>duodecim</u> <u>Romulo</u>.*

Remus: dei me legerunt! <u>augurium</u> primum mihi miserunt!

Romulus: minime, frater! <u>augurium</u> meum maius et melius erat.
       vehementer pugnant. <u>Romulus</u> iratus <u>Remum</u> necat.

Romulus: sic constitutum est, frater. urbs 'Roma' vocabitur.

Names

	Remus -i *(m)*	Remus
	Romulus -i *(m)*	Romulus
	Amulius -i *(m)*	Amulius *(king of Alba Longa)*
	Palatium - i *(n)*	the Palatine *(hill in Rome)*
11	Aventinus -i *(m)*	the Aventine *(hill in Rome)*
	Rema -ae *(f)*	'Reme'

Vocabulary

	ita vero	yes
	proelium -i *(n)*	battle
	certe	certainly
	callidus -a -um	clever
12	augurium -i *(n)*	omen, sign
	delectus -a -um	chosen
	collis -is *(m)*	hill
	vultur -uris *(m)*	vulture
	duodecim	twelve

4 *The Romans in Britain bring benefits to the inhabitants but also treat them harshly.*

Romani <u>Britanniam</u> <u>regere</u> volebant. milites Romani, quod fortes erant, maiorem partem <u>Britanniae</u> vincere poterant. Romani vias <u>pontesque</u> in <u>Britannia</u> aedificaverunt; <u>leges</u> <u>oleumque</u> <u>Britannis</u> dederunt. <u>nonnulli</u> <u>principes</u> <u>Britannorum</u> vinum <u>Italicum</u> bibere et
5   <u>mores</u> Romanos habere volebant. multi <u>Britanni</u> tamen <u>Latinum</u> <u>discere</u> nolebant, nec pro Romanis laborare. etiam <u>contra</u> Romanos pugnaverunt; multi necati sunt.

olim <u>Britanni</u> <u>quidam</u> <u>frumentum</u> <u>metebant</u>. 'laborate' Romani <u>Britannis</u> clamaverunt. '<u>fessi</u> sumus. laborare nolumus. dormire
10   volumus' <u>Britanni</u> inquiunt 'nobis pacem date!' 'minime, laborate! <u>frumentum</u> nobis date!' Romani clamaverunt. subito <u>publicanus</u> Romanus advenit. 'mihi pecuniam da!' inquit. 'pecuniam non habemus. vos Romani' <u>Britanni</u> inquiunt 'pecuniam nostram cepistis: non <u>iusti</u> estis.' 'vita non <u>iusta</u> est' <u>publicanus</u> respondit.

Names

Britannia -ae *(f)*	Britain
Britanni -orum *(m pl)*	Britons
Italicus -a -um	Italian
Latinum -i *(n)*	Latin, the Latin language

Vocabulary

	rego -ere	I rule
	pons pontis *(m)*	bridge
	lex legis *(f)*	law
	oleum -i *(n)*	olive oil
4	nonnulli -ae -a	some
	princeps -ipis *(m)*	chieftain
	mos moris *(m)*	custom
	disco -ere	I learn
	contra	against *(+ acc)*
8	quidam quaedam quoddam	a certain
	frumentum -i *(n)*	corn
	meto -ere	I harvest
	fessus -a -um	tired
	publicanus -i *(m)*	tax collector
14	iustus -a -um	just, fair

5 *The Roman statesman Cicero faces an attack from his opponent*
   Catiline, but deals with it decisively.

Cicero cives Romanos amabat et Romam servare volebat. Catilina
tamen cives Romanos non amabat; imperium et pecuniam sibi
cupiebat. itaque Catilina Ciceronem necare volebat. Cicero igitur
Catilinam timebat. Catilina amicos ad se vocavit. 'Ciceronem' inquit
5 'necare volo. nonne me adiuvare potestis?' 'te adiuvare possumus'
inquiunt. coniurati igitur Ciceronem petiverunt. servi tamen
Ciceronis eum in villa custodiebant. servi contra coniuratos
pugnaverunt et dominum suum servaverunt. Cicero igitur coniuratos
effugere poterat. postea Cicero orationem longam et claram in
10 Catilinam habuit. Romani igitur Ciceronem laudaverunt. Catilina
Roma fugit. Cicero gloriam accepit. sic verba violentiam vincere
saepe possunt.

Names

Cicero -onis *(m)*	Cicero
Catilina -ae *(m)*	Catiline

Vocabulary

	imperium -i *(n)*	power
	adiuvo -are	I help
	coniurati -orum *(m pl)*	conspirators
	contra	against *(+ acc)*
9	postea	afterwards, later
	oratio -onis *(f)*	speech
	clarus -a -um	famous
	in	*(here)* against *(+ acc)*
	habeo -ere -ui	*(here)* I deliver
11	gloria -ae *(f)*	glory
	verbum -i *(n)*	word
	violentia -ae *(f)*	violence

6 *Julius Caesar becomes too ambitious for his fellow Romans and is assassinated.*

Caesar et Brutus primo amici erant. multi cives tamen Caesarem timebant. 'Caesar rex esse vult' inquiunt. Cassius praecipue Caesarem non amabat. itaque Cassius Bruto blande dixit. Brutus verba Cassii accepit. Caesarem igitur necare constituerunt.

5 olim Caesar apud amicum cenabat. amici de morte dicebant. 'quomodo perire vis?' amicus rogavit. Caesar 'subito' inquit. postea uxor Caesaris in somnio eum mortuum vidit. haruspex Caesarem ipsum de periculo monuerat. Caesar igitur et uxor timebant. Caesar tamen ad curiam cum Bruto ivit. nonnulli senatores eum
10 circumvenerunt. Casca primus Caesarem vulneravit. deinde Brutus, qui amicus fuerat, pugionem tenens ei appropinquavit. Caesar 'et tu, Brute?' rogavit. deinde coniurati eum necaverunt.

Names

Caesar -aris *(m)*	Caesar
Brutus -i *(m)*	Brutus
Cassius -i *(m)*	Cassius
Casca -ae *(m)*	Casca

Vocabulary

	primo	at first
	praecipue	especially
	blande	persuasively
	verbum -i *(n)*	word
5	apud	at the house of *(+ acc)*
	ceno -are	I dine, I have dinner
	postea	afterwards
	somnium -i *(n)*	dream
	mortuus -a -um	dead
7	haruspex -icis *(m)*	soothsayer
	moneo -ere -ui	I warn
	curia -ae *(f)*	senate-house
	nonnulli -ae -a	some, several
	senator -oris *(m)*	senator
10	circumvenio -ire -i	I surround
	vulnero -are -avi	I wound
	pugio -onis *(m)*	dagger
	coniurati -orum *(m pl)*	conspirators

7   *After the death of Julius Caesar, his adopted heir Octavian and
     Mark Antony battle for supremacy.*

postquam <u>Brutus</u> <u>Caesarem</u> necavit, multi <u>duces</u> Romani de <u>imperio</u>
pugnabant; tandem <u>Octavianus</u> et <u>Antonius</u> vicerunt. <u>Antonius</u>
<u>Octaviam</u>, <u>sororem</u> <u>Octaviani</u>, <u>in matrimonium duxit</u>. <u>Antonius</u>
tamen alteram feminam amabat: haec erat <u>Cleopatra</u>, <u>regina</u> <u>Aegypti</u>.
5   <u>Antonius</u> igitur in <u>Aegypto</u> cum <u>Cleopatra</u> habitabat. deinde
<u>Octaviam</u> <u>dimisit</u>. tandem <u>Octavianus</u> magno in <u>proelio</u> <u>contra</u>
<u>Antonium</u> et <u>Cleopatram</u> pugnavit. <u>Octavianus</u> vicit. itaque
<u>imperator</u> Romanorum nunc erat. <u>bella</u> inter cives Romanos <u>stitit</u>.
<u>Octavianus</u> novum nomen cepit: nunc '<u>Augustus</u>' vocatus est, quod
10   <u>augustus</u> esse volebat. <u>Vergilius</u> et <u>Horatius</u>, <u>poetae</u> optimi,
<u>Augustum</u> laudabant, quod <u>bella</u> <u>stiterat</u>. tandem pax <u>ubique</u> erat.

Names

	Brutus -i *(m)*	Brutus
	Caesar -aris *(m)*	Caesar
	Octavianus -i *(m)*	Octavian *(Caesar's adopted son)*
	Antonius -i *(m)*	Mark Antony *(friend of Caesar)*
3	Octavia -ae *(f)*	Octavia
	Cleopatra -ae *(f)*	Cleopatra
	Aegyptus -i *(f)*	Egypt
	Augustus -i *(m)*	Augustus
	Vergilius -i *(m)*	Virgil
10	Horatius -i *(m)*	Horace

Vocabulary

	dux ducis *(m)*	leader
	imperium -i *(n)*	power
	soror -oris *(f)*	sister
	in matrimonium duco	I marry
4	regina -ae *(f)*	queen
	dimitto -ere dimisi	*(here)* I divorce
	proelium -i *(n)*	battle
	contra	against *(+ acc)*
	imperator -oris *(m)*	emperor
8	bellum -i *(n)*	war
	sisto -ere stiti	I stop (something)
	augustus -a -um	revered, respected
	poeta -ae *(m)*	poet
	ubique	everywhere

8 *A biblical story describes events in the reign of Augustus.*

Maria et Iosephus in Galilaea habitabant. Maria Iosephum amabat,
et Iosephus Mariam amabat. Maria tamen virgo erat. in villa sua
olim erat; subito angelus apparuit. angelus ei dixit: 'timere non
debes, Maria. filium habebis. nomen eius Iesus erit.' Maria 'ecce'
5   inquit 'ancilla Dei!' deinde angelus discessit. postea Augustus
edictum fecit: quod Romani censum habebant, omnes ad locum
avitum redire debebant. Iosephus igitur cum Maria in Iudaeam iter
fecit, quod Bethlehem locus avitus eius erat. ibi Maria filium peperit.
eum pannis involvit et in praesepium posuit, quod non erat locus eis
10   in taberna. et erant in ea terra pastores in agris, oves nocte
custodientes. angelus prope eos stetit; pastores timuerunt. angelus eis
dixit: 'timere non debetis: hodie natus est Dominus. hoc erit signum
vobis: eum invenietis pannis involutum et in praesepio iacentem.'

Names

	Maria -ae *(f)*	Mary
	Iosephus -i *(m)*	Joseph
	Galilaea -ae *(f)*	Galilee *(region of northern Israel)*
	Iesus -u *(m)*	Jesus
5	Augustus -i *(m)*	Augustus
	Iudaea -ae *(f)*	Judea *(region of southern Israel)*
	Bethlehem *(m)*	Bethlehem *(town in Judea)*

Vocabulary

	virgo -inis *(f)*	virgin
	angelus -i *(m)*	angel
	appareo -ere -ui	I appear
	postea	afterwards
6	edictum -i *(n)*	decree
	census -us *(m)*	census
	avitus -a -um	ancestral
	pario -ere peperi	I give birth to
	panni -orum *(m pl)*	swaddling clothes, pieces of cloth
9	involvo -ere -i involutus	I wrap
	praesepium -i *(n)*	manger *(place for animals to eat)*
	pastor -oris *(m)*	shepherd
	ager agri *(m)*	field
	oves -ium *(f pl)*	sheep
12	signum -i *(n)*	sign
	iaceo -ere	I lie

9 *Hercules confronts the Hydra as one of the Twelve Labours imposed by Eurystheus, king of Tiryns.*

rex Herculem Hydram necare iusserat. Hercules auxilium petebat quod Hydra, monstrum ingens, multa capita habebat. itaque amicus, Iolaus nomine, auxilium ei dabat. Hercules et Iolaus loco appropinquaverunt ubi Hydra habitabat. tandem Hydram invenerunt.
5 monstrum vehementer clamabat. Hercules amicusque, quamquam perterriti erant, contra Hydram pugnaverunt. ubi Hercules unum caput detruncavit, caput alterum crevit. itaque Hercules, quamquam fortiter pugnabat, Hydram necare non poterat. deinde tamen consilium cepit. postquam unum caput detruncavit, Iolaus locum ubi
10 caput fuerat statim incendit. itaque novum caput crescere non poterat. Hercules tandem monstrum superavit. sagittas in sanguinem Hydrae immersit, quod sanguis veneficus erat. sagittae postea in multis periculis utiles erant.

Names

Hercules -is *(m)*	Hercules
Hydra -ae *(f)*	Hydra
Iolaus -i *(m)*	Iolaus

Vocabulary

	monstrum -i *(n)*	monster
	contra	against *(+ acc)*
	detrunco -are -avi	I cut off
	cresco -ere crevi	I grow
9	consilium capio	I make a plan
	incendo -ere -i	I burn
	sagitta -ae *(f)*	arrow
	sanguis -inis *(m)*	blood
	immergo -ere immersi	I dip
12	veneficus -a -um	poisonous
	postea	afterwards, later
	utilis -e	useful

10   *Aesop's fable of the Crow and the Fox shows vanity falling victim to cunning.*

olim cornix carnem cepit. carnem in ramos arboris portavit. haec caro optima erat. cornix eam in ore tenebat. vulpes quoque inter arbores ambulabat. cornicem carnemque conspexit. itaque carnem sibi cupiebat. vulpes sub arbore stetit ubi cornix sedebat. cornici
5   vocavit: 'cornix, tu pulcherrima es. tu plurima facere potes. regina esse debes. uno solo cares: cantare non potes. si tu cantabis, regina eris.' cornix regina esse volebat; itaque cantare temptavit. caro igitur ex ore cornicis statim ad terram cecidit. vulpes carnem statim cepit. cornix tristis erat, quod stulta fuerat. vulpes 'si tu sapiens esse
10   disces' inquit 'regina bona eris.' tum magna voce risit.

Vocabulary

	cornix -icis *(f)*	crow
	caro -nis *(f)*	flesh, meat
	ramus -i *(m)*	branch
	arbor -oris *(f)*	tree
2	os oris *(n)*	mouth
	vulpes -is *(f)*	fox
	regina -ae *(f)*	queen
	careo -ere	I lack *(+ abl)*
	canto -are	I sing
7	tempto -are -avi	I try
	cado -ere cecidi	I fall
	sapiens -entis	wise
	disco -ere	I learn

11 *Julius Caesar in an Alpine village makes a remark which illustrates his character and ambition.*

Caesar milites suos ad Hispaniam ducebat. per montes iter faciebant; subito aedificia conspexerunt. ad vicum mox advenerunt. vicus minimus erat, et omnes qui ibi habitabant pauperes erant. Caesar militesque de vico disputabant. unus militum 'fortasse' inquit 'viri
5 etiam in hoc vico saepe pugnant quod quisque rex esse vult. quam stulti sunt!' tum ceteri milites ridebant. Caesar tamen 'vero pugnant' inquit 'sed stulti non sunt. nam malo minimo in vico primus esse quam secundus Romae.' omnes qui hanc sententiam audiverunt in animo tenebant. Caesar postea multos hostes in bello vicit. tandem
10 primus Romae vero erat.

Names

Caesar -aris *(m)*	Caesar
Hispania -ae *(f)*	Spain

Vocabulary

	aedificium -i *(n)*	building
	vicus -i *(m)*	village
	pauper -eris	poor
	disputo -are	I discuss, I argue
4	fortasse	perhaps
	quisque	each
	vero	certainly, indeed
	malo malle	I prefer, I would rather
	secundus -a -um	second
8	sententia -ae *(f)*	opinion
	postea	afterwards
	hostis -is *(m)*	enemy
	bellum -i *(n)*	war

12 *Alexander the Great meets the philosopher Diogenes, who makes a modest request.*

Diogenes philosophus clarus et sapiens erat. nec villam nec
pecuniam habebat. in orca habitabat. multi igitur eum laudabant,
quod pauca cupiebat; multi tamen dixerunt 'Diogenes insanus est.'
olim Alexander Magnus, miles ferox, qui etiam clarior erat quam
5 Diogenes, ad urbem advenit ubi philosophus habitabat. multi ad
Alexandrum cucurrerunt. eum magna voce laudaverunt, quod rex
potens erat. Diogenes tamen in orca manebat. Alexander, qui de
philosopho audiverat, Diogenem videre volebat. itaque Diogenem
ipse petivit. tandem eum in sole sedentem invenit. Diogenes
10 Alexandro viso non surrexit. Alexander tamen 'donum' inquit 'tibi
dare volo. quid igitur cupis?' 'unum parvum donum cupio' Diogenes
respondit. 'id tibi dabo' Alexander dixit. tum Diogenes 'abi!' inquit
'nam in sole stas.'

Names

Diogenes -is *(m)*	Diogenes
Alexander -dri *(m)*	Alexander

Vocabulary

	philosophus -i *(m)*	philosopher
	clarus -a -um	famous
	sapiens -entis	wise
	nec ... nec	neither ... nor
2	orca -ae *(f)*	barrel
	insanus -a -um	mad, insane
	potens -entis	powerful
	sol solis *(m)*	sun, sunlight

13   *The Trojans, putting on games to honour the memory of the father of*
Aeneas, hold a boat race.

primum <u>certamen</u> inter quattuor naves erat. nomina illarum erant:
<u>Pristis</u>, <u>Chimaera</u>, <u>Centaurus</u>, <u>Scylla</u>. nautae <u>Chimaerae</u> bene
laborabant. haec navis igitur <u>praeerat</u>. sed <u>Scylla</u>, post <u>Chimaeram</u>
navigans, ei appropinquabat. deinde tamen <u>gubernator</u> <u>Chimaerae</u>
5   <u>scopulos</u> conspexit et timuit. itaque <u>procul</u> ab eis navigavit. <u>dux</u>
huius navis iratus erat, quod via longior facta erat. tum <u>Scylla</u> inter
<u>scopulos</u> <u>Chimaeram</u>que navigare potuit. subito <u>Scylla</u> <u>praeerat</u>.
<u>dux</u> igitur <u>Chimaerae</u>, iam iratissimus, <u>gubernatorem</u> in mare <u>iecit</u>;
ille tamen, quod <u>scopulum</u> tenebat, non periit. sic navis lentior
10   navem celeriorem vicit. itaque <u>Pristis</u> <u>Centaurus</u>que post <u>Scyllam</u>
iam navigabant. <u>Centaurus</u> quoque prope <u>scopulos</u> navigabat. sed
<u>gubernator</u> <u>Centauri</u> <u>scopulos</u> effugere non potuit; navis deleta est.
<u>Pristis</u> <u>Scyllae</u> <u>breviter</u> appropinquabat; <u>Scylla</u> tamen, navis
celerrima et optima, tandem vicit.

Names

Pristis -is *(f)*	Pristis *(name of ship, like next three)*
Chimaera -ae *(f)*	Chimaera
Centaurus -i *(f)*	Centaur
Scylla -ae *(f)*	Scylla

Vocabulary

	certamen -inis *(n)*	contest, race
	praesum -esse	I am in the lead
	gubernator -oris *(m)*	helmsman
	scopulus -i *(m)*	rock
5	procul	far, far off
	dux ducis *(m)*	*(here)* captain
	iacio -ere ieci	I throw
	breviter	briefly, for a short time

14   *The skill of the sculptor Pygmalion produces a surprising but happy result.*

Pygmalion iuvenis erat qui nullas feminas amabat. statua tamen pulcherrima, pulchrior quam omnes feminae, ab eo facta est. iuvenis statuam, quamquam dura frigidaque erat, furtim basiabat. dona etiam statuae emebat. olim multi cives in templum Veneris, ubi dea
5   adorabatur, convenerunt. Pygmalion quoque ad templum adiit. iuvencam deae sacrificavit. 'tu' inquit 'dea amoris es. pro dono meo, da mihi uxorem, statuae meae similem!' Pygmalion, ubi domum rediit, statuae appropinquavit. eam tetigit: calida et mollis erat. viva erat; non iam statua, sed femina erat! Pygmalion et feminam tetigit
10   et ab ea tactus est. iuvenis feminam in matrimonium duxit. Pygmalion et uxor laetissimi erant. Paphos, filia eorum, nomen suum urbi dedit.

Names

Pygmalion -onis *(m)*	Pygmalion
Venus -eris *(f)*	Venus *(goddess of love)*
Paphos -i *(f)*	Paphos *(name of city in Cyprus)*

Vocabulary

	statua -ae *(f)*	statue
	durus -a -um	hard
	frigidus -a -um	cold
	furtim	secretly
3	basio -are	I kiss
	adoro -are	I worship
	iuvenca -ae *(f)*	heifer, young cow
	sacrifico -are -avi	I sacrifice
	similis -e	similar to, like *(+ dat)*
7	domum	home
	tango -ere tetigi tactus	I touch
	calidus -a -um	warm
	mollis -e	soft, tender
	vivus -a -um	alive
9	et ... et	both ... and
	in matrimonium duco	I marry

15 *Augustine as a young man seeking wisdom undergoes a religious conversion.*

Augustinus iuvenis erat qui in Africa habitabat. Alypius amicus eius erat. Augustinus et Alypius libros legere et de libris disputare amabant. Augustinus tamen non laetus erat. quamquam multos libros legerat et cum viris sapientibus disputaverat, perturbatus erat. multa
5   intellegere volebat; nihil intellegere poterat. olim Augustinus Alypiusque in horto disputabant. Augustinus tristis erat, quod nihil ab Alypio dictum intellexit; Alypius tandem ex horto discessit.

Augustinus solus sub arbore sedebat. subito vocem aut pueri aut puellae audivit. vox 'tolle, lege!' inquit 'tolle, lege!' fortasse verba
10   erant quae liberi in ludo dicunt. Augustinus tamen, ubi vocem audivit, surrexit et librum ab Alypio relictum sustulit. multae epistulae in libro erant. Augustinus epistulam a Paulo ad Romanos scriptam conspexit. epistula lecta, laetissimus erat. 'omnia' clamavit 'nunc intellego.'

Names

Augustinus -i *(m)*	Augustine
Africa -ae *(f)*	Africa
Alypius -i *(m)*	Alypius
Paulus -i *(m)*	Paul *(the Apostle)*

Vocabulary

	disputo -are -avi	I argue, I discuss
	sapiens -entis	wise
	perturbatus -a -um	troubled, confused
	arbor -oris *(f)*	tree
8	aut ... aut	either ... or
	tollo -ere sustuli	I pick up
	fortasse	perhaps
	verbum -i *(n)*	word
	liberi -orum *(m pl)*	children
10	ludus -i *(m)*	game

16 *The Trojan prince Hector is killed by the Greek hero Achilles in the closing stages of the Trojan War.*

Graeci et Troiani decem annos pugnabant. Priamus rex Troianorum erat; Hector filius eius erat. Priamus et uxor, Hecuba nomine, in muro urbis stabant. Hectorem pro muro stantem spectabant. Achillem, fortissimum Graecorum, Hectorem oppugnaturum
5 conspexerunt. Achilles ad Hectorem currebat. Hector perterritus erat; itaque circum muros urbis fugit. Achilles tamen Hectorem fugientem agitavit. circum muros ter cucurrerunt. subito dea Minerva, quae Graecis favebat, Hectori apparuit. formam suam mutaverat. 'ego' inquit 'Deiphobus, frater tuus, sum. auxilium tibi dabo.' Hector,
10 quod his verbis credidit, Achillem obiit. dea tamen statim abiit. Hector, a dea crudeli deceptus, iam solus erat. Achilles, a dea potenti adiutus, Hectorem necaturus stabat. itaque Hector, fortissimus Troianorum, parentibus spectantibus ab Achille necatus est.

Names

	Graeci -orum *(m pl)*	Greeks
	Troiani -orum *(m pl)*	Trojans
	Priamus -i *(m)*	Priam
	Hector -oris *(m)*	Hector
2	Hecuba -ae *(f)*	Hecuba
	Achilles -is *(m)*	Achilles
	Minerva -ae *(f)*	Minerva
	Deiphobus -i *(m)*	Deiphobus

Vocabulary

	murus -i *(m)*	wall
	agito -are -avi	I chase
	ter	three times
	faveo -ere	I favour, I support *(+ dat)*
8	appareo -ere -ui	I appear
	forma -ae *(f)*	form, appearance
	muto -are -avi -atus	I change (something)
	verbum -i *(n)*	word
	obeo -ire -ii	I confront
11	decipio -ere decepi deceptus	I deceive, I trick
	potens -entis	powerful
	adiuvo -are -i adiutus	I help
	parentes -um *(m pl)*	parents

17   *The Athenian philosopher Socrates is unsuccessfully urged by his friend Crito to escape from prison.*

Socrates senex erat qui Athenis habitabat. semper cum civibus disputabat. itaque multi eum non amabant. 'iuvenes huius urbis propter Socratem scelesti sunt' saepe dicebant; 'nam Socrates iuvenes periculosa docet. deos urbis non honorat sed deos suos
5 habet.' cives igitur Socratem punire volebant. ad mortem damnatus est. Socrates in carcere manebat. amicus, Crito nomine, eum visitavit. Crito rogavit: 'cur non effugis, Socrate? innocens es: nullus iuvenis propter te scelestus est. amici tui auxilium tibi dare volunt. si auxilium non accipies, multi post mortem tuam de me
10 dicent: "Crito scelestus est quod auxilium amico suo non dedit." omnes igitur me vituperabunt.' 'numquam effugiam, Crito' inquit Socrates 'quod numquam scelestum facere debemus. leges huius urbis multa bona mihi dederunt. per totam vitam me servaverunt. quod in hac urbe habito, legibus urbis parere debeo.' itaque Socrates
15 in carcere manere constituit; postea ibi periit.

Names

Socrates -is *(voc -e) (m)*	Socrates
Athenae -arum *(loc -is) (f pl)*	Athens
Crito -onis *(m)*	Crito

Vocabulary

	disputo -are	I dispute, I discuss
	propter	on account of *(+ acc)*
	scelestus -a -um	wicked, evil
	periculosus -a -um	dangerous
4	honoro -are	I honour, I respect
	damno -are -avi -atus	I condemn
	carcer -eris *(m)*	prison
	visito -are -avi	I visit
	innocens -entis	innocent
11	vitupero -are	I criticise
	lex legis *(f)*	law
	pareo -ere	I obey *(+ dat)*
	postea	afterwards

18   *The philosopher Plato's story of men imprisoned in a cave offers a*
parable about human life.

olim <u>captivi</u> in <u>spelunca</u> habitabant. <u>solem</u> numquam viderant. capita
<u>vertere</u> non poterant, quod in <u>catenis</u> <u>vincti erant</u>. itaque nihil videre
poterant quod post <u>terga</u> erat. magnus <u>ignis</u> post <u>captivos</u> erat. inter
<u>ignem</u> <u>captivos</u>que viri <u>statuas</u> hominum atque <u>animalium</u> portantes
5   ambulabant. <u>captivi</u> igitur, <u>umbras</u> <u>statuarum</u> videntes, credebant eas
<u>veras</u> esse. ille <u>captivus</u> qui plurima de <u>umbris</u> sciebat a ceteris
amabatur atque laudabatur. olim tamen unus <u>captivus</u>, <u>catenis</u> <u>fractis</u>,
liberatus est. <u>ignem</u> spectavit. deinde e <u>spelunca</u> exiit et homines
<u>veros</u>, <u>animalia</u> <u>vera</u> vidit. etiam <u>solem</u> ipsum tandem spectavit.
10   itaque cognovit <u>vera</u> pulchriora quam <u>umbras</u> esse. tum in
<u>speluncam</u> rediit. ceteris <u>captivis</u> omnia narravit; illi tamen eum
stultum esse credebant. hanc <u>fabulam</u> saepe narrabat; tandem ceteri
irati eum necaverunt.

Vocabulary

	captivus -i *(m)*	prisoner
	spelunca -ae *(f)*	cave
	sol solis *(m)*	sun
	verto -ere	I turn
2	catena -ae *(f)*	chain
	vincio -ire vinxi vinctus	I bind, I fasten
	tergum -i *(n)*	back
	ignis -is *(m)*	fire
	statua -ae *(f)*	statue
4	animal -alis *(n)*	animal
	umbra -ae *(f)*	shadow
	verus -a -um	real
	frango -ere fregi fractus	I break
	fabula -ae *(f)*	story

19   *Philoctetes: Part 1. The Greeks in their attempt to capture Troy receive a prophecy which poses a problem.*

Graeci decem annos contra Troianos pugnabant, quod Paris Priami
filius Helenam uxorem Menelai olim ceperat. Graeci tamen Troianos
vincere non poterant. tandem vatem Troianum ceperunt. vates
'numquam Troianos vincetis' inquit 'nec Helenam liberabitis, quod
5   Philoctetem arcumque Herculis non habetis.' Graeci quidam, qui
haec verba intellegere non poterant, rogaverunt: 'quis est
Philoctetes? ubi est arcus?' vates tamen 'Philoctetes ipse' inquit
'cuius pater amicus Herculis erat, illum arcum habet. arcus donum
Herculis erat.' deinde senex quidam ceteris Graecis dixit:
10   'Philoctetes nobiscum a Graecia navigavit. quod tamen aeger erat,
semper clamabat. itaque duces nostri eum in insula crudeliter
reliquerunt. Philoctetes igitur nos culpat. auxilium Graecis numquam
dabit. arcum nobis non dabit. si tamen arcum non habemus, Troianos
vincere non possumus. res difficillima est.'

Names

	Graeci -orum *(m pl)*	Greeks
	Troiani -orum *(m pl)*	Trojans
	Paris -idis *(m)*	Paris
	Priamus -i *(m)*	Priam *(king of Troy)*
2	Helena -ae *(f)*	Helen
	Menelaus -i *(m)*	Menelaus
	Philoctetes -is *(m)*	Philoctetes
	Hercules -is *(m)*	Hercules
	Graecia -ae *(f)*	Greece

Vocabulary

	contra	against *(+ acc)*
	vates -is *(m)*	prophet
	arcus -us *(m)*	bow
	quidam quaedam quoddam	a certain
6	verbum -i *(n)*	word
	nobiscum	= cum nobis
	aeger -gra -grum	ill, sick
	dux ducis *(m)*	leader
	culpo -are	I blame
14	res rei *(f)*	thing, matter

20 *Philoctetes: Part 2. The Greeks attempt to persuade Philoctetes to return with them to Troy.*

Ulixes et Neoptolemus ad insulam, ubi Philoctetes relictus erat, navigaverunt. postquam advenerunt, Ulixes prope navem manebat; Neoptolemus speluncae Philoctetis appropinquavit. 'salve!' vocavit. 'salve!' vox respondit, 'quis est?' Neoptolemus dixit se filium
5 Achillis esse; 'sed ego credo Graecos scelestos esse' inquit 'quod Philoctetem in hac insula crudeliter reliquerunt.' 'ego Philoctetes sum!' vox inquit 'ecce, arcum Herculis habeo!' Philoctetes e spelunca venit et arcum Neoptolemo ostendit. deinde Philoctetes dormivit; Neoptolemus interea arcum curabat. tum Ulixes ad
10 speluncam advenit. Neoptolemum arcum sibi dare, Philoctetem ad Troiam navigare iussit. Philoctetes tristissimus erat; clamavit se et amicos et arcum amisisse. tum Hercules e caelo eis apparuit. Philoctetem ad Troiam navigare iussit, ut vulnus eius sanaretur; 'sic' inquit 'cum arcu urbem capere poteris.'

Names

	Ulixes -is *(m)*	Ulysses *(another name for Odysseus)*
	Neoptolemus -i *(m)*	Neoptolemus
	Philoctetes -is *(m)*	Philoctetes
	Achilles -is *(m)*	Achilles
5	Graeci -orum *(m pl)*	Greeks
	Hercules -is *(m)*	Hercules
	Troia -ae *(f)*	Troy

Vocabulary

	spelunca -ae *(f)*	cave
	scelestus -a -um	wicked
	arcus -us *(m)*	bow
	interea	meanwhile
9	curo -are	I look after
	et ... et	both ... and
	amitto -ere amisi	I lose
	appareo -ere -ui	I appear
	vulnus -eris *(n)*	wound
13	sano -are	I heal, I cure

21 *After the Trojan War, the hero Aeneas and his men travel from Troy
in search of a new home.*

Graeci urbem Troiam tandem ceperunt. urbe deleta, Aeneas et
Troiani qui supererant in navibus discesserunt. trans mare
navigabant ut novam terram quaererent. Iuno tamen magnam
tempestatem misit, quod Troianos non amabat. navibus fractis,
5   Troiani ad Africam venerunt. deinde Aeneas novam terram explorare
constituit. septem cervos invenit, quos necavit ut cibum suis daret.
deinde Troiani multos homines urbem aedificantes invenerunt. illi
quoque, a Didone regina ducti, in Africam nuper advenerant; nova
urbs Carthago erat. Dido, quae de fama Troianorum iam audiverat,
10   multis donis eos accepit. Dido tam pulchra erat ut Aeneas eam
amaret; Aeneas tam pulcher erat ut Dido eum amaret. Troiani novam
urbem laudabant. Aeneas tamen, a deis iussus, urbem suam in alia
terra aedificare debebat. itaque in Africa cum Didone manere non
poterat. Aeneas Troianique ex Africa discesserunt, Italiam petentes.
15   Dido tam tristis erat ut se necaret.

Names

	Graeci -orum *(m pl)*	Greeks
	Troia -ae *(f)*	Troy
	Aeneas -ae *(m)*	Aeneas
	Troiani -orum *(m pl)*	Trojans
3	Iuno -onis *(f)*	Juno
	Africa -ae *(f)*	Africa
	Dido -onis *(f)*	Dido
	Carthago -inis *(f)*	Carthage
	Italia -ae *(f)*	Italy

Vocabulary

	supersum -esse	I survive
	trans	across *(+ acc)*
	tempestas -atis *(f)*	storm
	frango -ere fregi fractus	*(here)* I wreck
5	exploro -are	I explore
	cervus -i *(m)*	deer, stag
	regina -ae *(f)*	queen
	nuper	recently
	fama -ae *(f)*	fame, reputation

22 *Romulus takes drastic measures to increase the population of his new city.*

Romulus rex Romanorum erat. Romani, quamquam fortes, pauci
tamen erant. Romulus igitur feminas ex aliis oppidis quaerebat ut
Romani uxores haberent et hae feminae liberos Romanis parerent.
itaque Romani ludos fecerunt Sabinosque invitaverunt ut feminas
5   Sabinas raperent. Sabini Romanis crediderunt et Romam venerunt ut
ludos spectarent. Romani feminas Sabinas spectaverunt ut
pulcherrimas harum legerent. deinde eas ceperunt.

postea Romulus, haec facta defendens, 'feminas cepimus' inquit 'ut
beneficia eis daremus. eas in matrimonium duximus ut Romanae
10   essent. Romani sunt milites fortes, mariti benigni, viri optimi. itaque
uxor Romana vitam meliorem habet quam uxor Sabina.' etiam
Sabinae ipsae, iam Romanae, se contentas esse dicebant. Romae
igitur manere constituerunt ut liberi sui Romani essent.

Names

Romulus -i *(m)*	Romulus
Sabini -orum *(m pl)*	Sabines *(Italian tribe)*
Sabinus -a -um	Sabine, of the Sabines

Vocabulary

	oppidum -i *(n)*	town
	liberi -orum *(m pl)*	children
	pario -ere	I bear, I give birth to
	ludi -orum *(m pl)*	public games
5	rapio -ere	I seize
	postea	afterwards
	defendo -ere	I defend
	beneficium -i *(n)*	favour, benefit
	in matrimonium duco	I marry
10	maritus -i *(m)*	husband
	benignus -a -um	kind
	contentus -a -um	content

23 *The clever slave Pseudolus helps his master Calidorus win the girl he loves.*

Calidorus iuvenis Graecus erat et Pseudolus servus eius. Calidorus
meretricem amabat. Ballio tamen, dominus huius puellae, promiserat
se militi Macedonico eam venditurum esse: pretium quinque
minarum constituerant. itaque Calidorus Pseudolusque consilium
5   ceperunt ut meretricem liberarent; Ballio tamen de consilio audivit.

Harpax, servus militis Macedonici, villae Ballionis cum argento
appropinquabat ut meretricem acciperet. Pseudolus tamen Harpagi
obvenit et dixit se servum Ballionis esse. Harpagem argentum sibi
tradere iussit. Harpax hoc facere nolebat, sed epistulam cum signo
10   militis Macedonici tradidit et in taberna mansit. Pseudolus celeriter
discessit; deinde amicum Calidori rogavit ut servum argentumque
sibi daret. huic servo epistulam militis dedit. servus, epistulam
argentumque portans, ad villam Ballionis advenit. Ballio igitur
puellam ei tradidit. Ballio laetus erat quod credidit se Pseudolum
15   vicisse. mox tamen Harpax ipse advenit. Ballio credidit Harpagem
amicum Pseudoli esse; Harpax tamen dixit se epistulam Pseudolo
tradidisse. Ballio omnia nunc intellexit. iratissimus erat, quod a
Pseudolo victus erat.

Names

	Calidorus -i *(m)*	Calidorus
	Graecus -a -um	Greek
	Pseudolus -i *(m)*	Pseudolus *(literally 'Trickster')*
	Ballio -onis *(m)*	Ballio
3	Macedonicus -a -um	Macedonian, from Macedon *(territory north of Greece)*
	Harpax -agis *(m)*	Harpax

Vocabulary

	meretrix -icis *(f)*	prostitute
	pretium -i *(n)*	price
	mina -ae *(f)*	mina *(large unit of Greek currency)*
	consilium capio	I make a plan
6	argentum -i *(n)*	money
	obvenio -ire -i	I meet *(+ dat)*
	signum -i *(n)*	seal

24 *In Aesop's fable of the Lion, the Fox and the Wolf, cunning is used in self-defence.*

leo rex <u>animalium</u> erat. nunc tamen <u>aeger</u> et prope mortem erat.
omnia <u>animalia</u> igitur <u>praeter</u> <u>vulpem</u> eum <u>visitaverunt</u>. itaque <u>lupus</u>,
quod <u>vulpis</u> <u>inimicus</u> erat, <u>contra</u> eam hoc <u>consilium cepit</u>: leoni
dixit <u>vulpem</u> eum <u>dehonestavisse</u>. 'quod tu, leo, rex noster es' inquit
5 '<u>vulpes</u> te <u>visitare</u> debebat.' <u>vulpes</u> tamen, cum <u>lupus</u> haec <u>verba</u>
diceret, advenit. leo iratissimus erat et <u>vulpi</u> vehementer <u>increpuit</u>.
<u>vulpes</u> perterrita, ut se <u>defenderet</u>, leoni dixit: '<u>tarda</u> sum quod per
omnes terras iter faciebam ut <u>medicamentum</u> tibi quaererem.
omnibus <u>medicis</u> rogatis, unum <u>medicamentum</u> tandem inveni.' leo
10 <u>vulpi</u> statim imperavit ut se de hoc <u>medicamento</u> doceret. <u>vulpes</u>
igitur respondit: '<u>lupum</u> necare et <u>pellem</u> eius <u>sicut</u> <u>amictum</u> <u>gerere</u>
debes.' itaque leo <u>vulpi</u> credens <u>lupum</u> necavit.

itaque is qui <u>contra</u> alterum <u>consilium capit</u>, saepe <u>contra</u> se quoque
<u>consilium capit</u>.

Vocabulary

	animal -alis *(n)*	animal
	aeger -gra -grum	ill
	praeter	except *(+ acc)*
	vulpes -is *(f)*	fox
2	visito -are -avi	I visit
	lupus -i *(m)*	wolf
	inimicus -i *(m)*	enemy
	contra	against *(+ acc)*
	consilium capio	I make a plan
4	dehonesto -are -avi	I dishonour
	verbum -i *(n)*	word
	increpo -are -ui	I roar at *(+ dat)*
	defendo -ere	I defend
	tardus -a -um	late
8	medicamentum -i *(n)*	medicine, cure
	medicus -i *(m)*	doctor
	pellis -is *(f)*	hide, skin
	sicut	just like
	amictus -us *(m)*	cloak
11	gero -ere	I wear

25 *Admetus attempts to cheat death and meets with more success than he expects.*

Alcestis uxor regis Admeti erat. Apollo amicus regis erat. itaque deus, cum Admetus periturus esset, Parcis persuasit ut vitam alterius hominis pro vita eius acciperent. pater Admeti, quamquam senex erat, pro filio perire noluit. Alcestis tamen Admetum adeo
5 amabat ut pro marito perire constitueret.

cum Alcestis periisset, Hercules, per illum locum iter faciens, villae Admeti appropinquavit. Admetus, quamquam tristissimus erat, hospitem dimittere noluit. Herculem igitur invitavit ut apud se maneret. Hercules, cum Admetus lacrimaret, hoc facere nolebat.
10 Admetus tamen false dixit ancillam periisse. itaque Hercules apud regem manebat, sed nesciebat cur servi Admeti tam tristes essent. tandem, cum servum rogavisset, cognovit non ancillam Admeti sed uxorem periisse. ita intellexit quam benignus Admetus fuisset. nam Admetus, quamquam uxor perierat, eum invitaverat ut apud se
15 maneret. Hercules igitur cum Morte pugnavit ut Alcestem reduceret. tandem uxorem Admeto reddidit.

Names

	Alcestis -is *(f)*	Alcestis
	Admetus -i *(m)*	Admetus
	Apollo -inis *(m)*	Apollo
	Parcae -arum *(f pl)*	the Fates
6	Hercules -is *(m)*	Hercules
	Mors Mortis *(f)*	Death *(here personified)*

Vocabulary

	adeo	so much
	maritus -i *(m)*	husband
	hospes -itis *(m)*	guest
	dimitto -ere	I dismiss, I send away
8	apud	with, at the house of *(+ acc)*
	false	falsely
	nescio -ire	I do not know
	benignus -a -um	kind
	reddo -ere -idi	I give back, I restore

26 *Aristagoras and his Persian allies fall out while attacking the island of Naxos.*

Aristagoras praefectus Mileti erat. eo tempore cives Naxi, quod ex insula sua expulsi erant, Miletum advenerunt. itaque praefectum rogaverunt ut contra Naxum pugnaret. Aristagoras pugnare constituit ut ipse tyrannus Naxi esset. Persis igitur persuasit ut multos milites
5 multasque naves sibi mitterent. Megabates milites Persicos ducebat; omnes Naxum navigaverunt. Megabates tamen, ubi unam navem nullis militibus custodientibus conspexit, iratus erat et magistrum vinciri iussit. Aristagoras, qui magistri amicus erat, Megabatem rogavit ut illum liberaret. Megabates tamen hoc facere nolebat.
10 itaque Aristagoras ipse virum vinctum liberavit. nunc Megabates etiam iratior nuntios in urbem misit ut cives Naxi de periculo monerentur. Aristagoras igitur, quamquam fortiter pugnavit, victus est.

Names

	Aristagoras -ae *(m)*	Aristagoras
	Miletus -i *(f)*	Miletus *(city in modern Turkey)*
	Naxus -i *(f)*	Naxos *(Greek island)*
	Persae -arum *(m pl)*	Persians
5	Megabates -is *(m)*	Megabates *(Persian general)*
	Persicus -a -um	Persian

Vocabulary

	praefectus -i *(m)*	governor
	expello -ere expuli expulsus	I drive out
	contra	against *(+ acc)*
	tyrannus -i *(m)*	ruler
7	magister -tri *(m)*	*(here)* captain
	vincio -ire vinxi vinctus	I bind, I tie up
	moneo -ere	I warn

27 *The philosopher Seneca is ruthlessly punished for falling foul of the emperor Nero.*

Nero tantum odium in Senecam habebat ut eum necare constitueret. itaque militi imperavit ut hoc ei nuntiaret. miles tamen, quod nuntium tam dirum ferre nolebat, militem alterum pro se misit. hic miles, cum ad villam Senecae iter fecisset, intravit. nuntio tristi
5 militis ab omnibus audito, Seneca servos rogavit ut testamentum suum ferrent; miles tamen hoc vetuit. deinde Seneca dixit se amicis relicturum esse donum optimum pulcherrimumque: imaginem vitae suae. nam sperabat amicos imagine vitae suae intellecturos esse quomodo bene vivere possent. 'Nero matrem fratremque iam
10 necavit;' inquit 'nunc praeceptorem quoque necat.' tum se necavit.

Names

Nero -onis *(m)*	Nero
Seneca -ae *(m)*	Seneca

Vocabulary

odium -i *(n)*	hatred
in	*(here)* towards *(+ acc)*
dirus -a -um	dreadful
pro	*(here)* instead of *(+ abl)*
5 testamentum -i *(n)*	will
veto -are -ui	I forbid
imago -inis *(f)*	*(here)* pattern, model
praeceptor -oris *(m)*	tutor

Section 1

28 *In a time of civil war the Roman general Sulla shows his cunning against an enemy.*

Sulla contra Scipionem pugnabat. Sulla perterritus erat quod Scipio
multos milites habebat. itaque Sulla consilium cepit. Scipionem ad
colloquium invitavit; dixit se de condicionibus pacis dicere velle. sed
milites suos iussit militibus Scipionis, inter colloquium ducum, donis
5   verbisque persuadere ut Sullae faverent. Sulla in colloquio plurima
Scipioni dixit ut milites sui satis temporis haberent. postea milites
Sullae castris Scipionis appropinquaverunt; milites Scipionis e
castris venerunt ut novos amicos salutarent. Scipio igitur solus in
castris relictus est; Sulla eum capere facile potuit. itaque Carbo,
10 propter tales dolos, dixit et leonem et vulpem in pectore Sullae
vivere; 'sed vulpem' inquit 'magis timeo.'

Names

Sulla -ae *(m)*	Sulla
Scipio -onis *(m)*	Scipio
Carbo -onis *(m)*	Carbo *(enemy of Sulla)*

Vocabulary

contra	against *(+ acc)*
consilium capio	I make a plan
colloquium -i *(n)*	discussion
condiciones -um *(f pl)*	terms
4 inter	*(here)* during *(+ acc)*
dux ducis *(m)*	leader
verbum -i *(n)*	word
faveo -ere	I favour, I support *(+ dat)*
satis	enough *(+ gen)*
6 tempus -oris *(n)*	time
postea	afterwards
castra -orum *(n pl)*	camp
propter	on account of, because of *(+ acc)*
talis -e	such, this kind of
10 dolus -i *(m)*	trick
et ... et	both ... and
vulpes -is *(f)*	fox
pectus -oris *(n)*	breast, heart
magis	more

29 *The German chieftains Arminius and Segestes adopt differing attitudes to Rome, with differing results.*

Arminius et Segestes Germanos ducebant. Arminius Romanos oppugnare, Segestes socius eorum esse volebat. aemuli igitur erant. Arminius tamen filiam Segestis amabat et in matrimonium duxit. sed haec puella, quamquam uxor Arminii nunc erat, apud patrem
5   manere coacta est.

mox Germani qui Arminio favebant contra Segestem pugnabant. Segestes igitur filium ad Romanos misit ut auxilium peteret. itaque Romani venerunt ut Segestem adiuvarent. Arminius a Romanis victus est. Segestes foedus cum Romanis libenter fecit. filia eius
10   tamen a Romanis ad Italiam missa est, ut Arminius puniretur. Arminius igitur iratissimus Germanis dixit: 'Segestes unam feminam a me abstulit, sed ego multos hostes iam superavi, et eum mox victum puniam.'

Names

Arminius -i *(m)*	Arminius
Segestes -is *(m)*	Segestes
Germani -orum *(m pl)*	Germans
Italia -ae *(f)*	Italy

Vocabulary

	oppugno -are	I attack
	socius -i *(m)*	ally
	aemulus -i *(m)*	rival
	in matrimonium duco	I marry
4	apud	at the house of *(+ acc)*
	cogo -ere coegi coactus	I force, I compel
	faveo -ere	I favour, I support *(+ dat)*
	contra	against *(+ acc)*
	adiuvo -are	I help
9	foedus -eris *(n)*	treaty
	libenter	willingly, gladly
	aufero auferre abstuli	I steal
	hostis -is *(m)*	enemy

30 *When Rome is devastated by fire, the emperor Nero looks for scapegoats.*

Nero imperator Romanus crudelissimus erat. urbs Roma, Nerone imperatore, maximo igne incensa est. flammae tam feroces erant ut multae insulae incenderentur et multi homines perirent. nonnulli viri, qui dixerunt se hoc facere iussos esse, etiam faces consulto iecerunt.

5 Nero, igne urbem consumente, cantavisse dicitur. post ignem, Romani perterriti rogabant qui haec dira fecissent.

multi iam credebant Neronem faces iaci iussisse. mox Nero maximam villam sibi aedificavit in parte urbis flammis deleta, ut amicos acciperet et convivia haberet. ubi hanc novam villam

10 aedificari cognoverunt, etiam plures imperatorem accusabant. Nero igitur alios culpare volebat; Christianos quosdam accusavit, qui a militibus suis capti sunt. senator Romanus, Tacitus nomine, de his rebus scripsit ut doceret quam scelesti essent imperatores.

Names

Nero -onis *(m)*	Nero
Christiani -orum *(m pl)*	Christians
Tacitus -i *(m)*	Tacitus

Vocabulary

	imperator -oris *(m)*	emperor
	ignis -is *(m)*	fire
	incendo -ere incendi incensus	I burn, I set fire to
	flamma -ae *(f)*	flame
3	nonnulli -ae -a	some, a few
	fax facis *(f)*	torch, firebrand
	consulto	deliberately
	iacio -ere ieci	I throw
	canto -are -avi	I sing
6	dirus -a -um	dreadful
	convivium -i *(n)*	dinner-party
	accuso -are -avi	I accuse
	culpo -are	I blame
	quidam quaedam quoddam	a certain
12	senator -oris *(m)*	senator, member of the senate
	res rei *(f)*	thing, matter
	scelestus -a -um	wicked

Section 2

31 (a) *Earlier generations of gods are succeeded by Jupiter, who faces opposition from the Giants before establishing his rule securely.*

Uranus mundum regebat. mox tamen Saturnus, filius eius, patrem
oppugnavit et superavit. Uranus iratus eum monuit: 'non diu reges,
nam unus filiorum te quoque superabit.' Saturnus igitur, quod nunc
timebat, consilium cepit. 'si filios meos consumam, numquam
5   me superabunt.' Rhea, uxor Saturni, multos infantes peperit; sed
omnes a patre consumpti sunt. tandem Rhea irata unum puerum
servare constituit. ubi Iuppiter natus est, mater lapidem veste
velatum Saturno dedit. Saturnus lapidem ignarus consumit; Rhea
infantem in Creta celavit. sic Iuppiter e periculo servatus est. ubi
10   iuvenis erat, medicamentum patri dedit. Saturnus igitur alios infantes
vomuit, qui dei deaeque Olympi facti sunt.

Gigantes, qui ferocissimi erant, tum in terra habitabant. dux eorum,
Enceladus nomine, consilium cepit ut Iovem oppugnarent. Gigantes
magnos montes statim extruxerunt. cum in caelum ascendissent,
15   contra deos diu pugnabant. Iovem paene expulerunt; tandem
fulminibus eius superati sunt. Iuppiter cum fratribus imperium
divisit: Neptunus mare, Pluto Tartarum, ipse caelum habuit.

Names

	Uranus -i *(m)*	Uranus
	Saturnus -i *(m)*	Saturn
	Rhea -ae *(f)*	Rhea
	Iuppiter Iovis *(m)*	Jupiter
9	Creta -ae *(f)*	Crete
	Olympus -i *(m)*	Olympus *(home of the gods)*
	Gigantes -um *(m pl)*	Giants
	Enceladus -i *(m)*	Enceladus
	Neptunus -i *(m)*	Neptune
17	Pluto -onis *(m)*	Pluto
	Tartarus -i *(m)*	Tartarus, the Underworld

Vocabulary

mundus -i *(m)*	world, universe
rego -ere	I rule

38

	oppugno -are -avi	I attack
	moneo -ere -ui	I warn
4	consilium capio	I make a plan
	infans -antis *(m)*	baby
	pario -ere peperi	I give birth to
	nascor nasci natus sum	I am born
	lapis -idis *(m)*	stone
7	vestis -is *(f)*	clothing
	velo -are -avi -atus	I wrap
	ignarus -a -um	unaware, in ignorance
	celo -are -avi	I hide
	medicamentum -i *(n)*	drug
11	vomo -ere -ui	I spew out
	fio fieri factus sum	I become
	dux ducis *(m)*	leader
	extruo -ere -xi	I pile up
	contra	against *(+ acc)*
15	expello -ere expuli	I drive out
	fulmen -inis *(n)*	thunderbolt
	imperium -i *(n)*	power
	divido -ere divisi	I divide

1   *Uranus ... superavit* (lines 1-2): what do we learn here about Uranus and Saturn?   [4]

2   *Uranus ... superabunt* (lines 2-5):
     (a) what warning was Saturn given?   [2]
     (b) how did he decide to deal with it?   [2]

3   *Rhea ... consumpti sunt* (lines 5-6): what happened to the children to whom Rhea gave birth?   [2]

4   *tandem ... servatus est* (lines 6-9): explain in detail how Jupiter was saved.   [6]

5   *ubi ... facti sunt* (lines 9-11): how is the origin of the Olympian gods explained here?   [4]

6   Translate lines 12-17 into good English.   [20]

(Turn over)

(b) *Prometheus creates men, and to Jupiter's annoyance helps them;*
Vulcan creates the woman Pandora.

Prometheus homines e terra et aqua fecit. ut auxilium eis daret,
ignem e caelo abstulit et ad terram portavit. Iuppiter igitur, quod
dono ignis iratus erat, alterum donum hominibus dare constituit.
Volcanus feminam pulchram e terra fecit. dei deaeque multa dona
5 feminae dederunt. femina igitur Pandora vocata est. Iuppiter omnia
mala in arcam posuit. deinde arcam Pandorae dedit. femina igitur
curiosa erat. 'quid est in arca?' Pandora rogavit 'multa pecunia?'
arcam aperire vetita erat; sed tandem aperuit. subito multa mala
evolaverunt. spes sola in arca manebat.

Names

Prometheus -i *(m)*	Prometheus
Iuppiter Iovis *(m)*	Jupiter
Volcanus -i *(m)*	Vulcan
Pandora -ae *(f)*	Pandora *(literally 'all gifts')*

Vocabulary

ignis -is *(m)*	fire
aufero auferre abstuli	I steal
mala -orum *(n pl)*	bad things, evils
arca -ae *(f)*	chest, box
7 curiosus -a -um	curious, inquisitive
aperio -ire -ui	I open
veto -are -ui -itus	I forbid
evolo -are -avi	I fly out
spes spei *(f)*	hope

7   *Prometheus ... fecit* (line 1): how did Prometheus make human beings?   [2]

8   *ut ... constituit* (lines 1-3):
    (a) what did Prometheus do to help human beings?   [2]
    (b) how did Jupiter react?   [2]

9   *Volcanus ... vocata est* (lines 4-5): what are we told here about Pandora?   [4]

10 *Iuppiter ... aperuit* (lines 5-8): describe in detail the temptation which faced Pandora, and how she responded to it.   [4]

11 *subito ... manebat* (lines 8-9): what happened next?   [2]

12 For each of the following Latin words, give (i) one English word derived from it and (ii) the meaning of the English word:
    auxilium
    aperire   [4]

[Total 60]

32   (a) *Jupiter sends a flood to punish human wickedness; Deucalion builds a boat, and survives with his wife Pyrrha.*

homines olim <u>scelesti</u> erant. deos <u>nec</u> <u>adorabant</u> <u>nec</u> timebant. itaque <u>Iuppiter</u> iratus, ut eos puniret, omnes <u>diluvio</u> delere constituit. ipse <u>imbres</u> ingentes misit. aqua <u>ubique</u> erat. homines <u>primo</u> per <u>agros</u> silvasque laete navigabant. mox tamen plurimi <u>diluvio</u> necati sunt.
5   <u>Deucalion</u> tamen, vir bonus, de <u>diluvio</u> iam <u>monitus erat</u>. nam pater <u>Prometheus</u> eum navem aedificare iusserat. <u>Deucalion</u> igitur et <u>Pyrrha</u> uxor eius, ubi <u>diluvium</u> advenit, in navem paratam ascenderunt. in nave multos <u>dies</u> manebant. ubi aqua tandem <u>subsedit</u>, navis in summo monte erat. <u>Deucalion</u> <u>Pyrrha</u>que nave ibi
10   relicta deos <u>adoraverunt</u>. <u>Iuppiter</u>, ubi duos de tot <u>milibus</u> vivere vidit, iratus non iam erat.

Deucalion tamen et uxor miserrimi erant quod nullos homines viderunt. soli per terram ambulabant. deinde templo appropinquaverunt, ubi dea <u>Themis</u> <u>ante</u> <u>diluvium</u> <u>adorata erat</u>.
15   auxilium deae petere constituerunt. ubi templum intraverunt, vocem deae audiverunt: 'capita <u>velare</u> et <u>ossa</u> magnae matris post <u>terga</u> <u>iacere</u> debetis.' sed <u>Deucalion</u> <u>Pyrrha</u>que haec <u>verba</u> intellegere non poterant.

Names

	Iuppiter Iovis *(m)*	Jupiter
	Deucalion -onis *(m)*	Deucalion
	Prometheus -i *(m)*	Prometheus
	Pyrrha -ae *(f)*	Pyrrha
14	Themis -is *(f)*	Themis *(goddess of justice)*

Vocabulary

	scelestus -a -um	wicked
	nec ... nec	neither ... nor
	adoro -are -avi -atus	I worship
	diluvium -i *(n)*	flood
3	imber -bris *(m)*	shower of rain
	ubique	everywhere
	primo	at first
	ager -gri *(m)*	field
	moneo -ere -ui -itus	I warn
8	dies -ei *(m)*	day

	subsido -ere subsedi	I subside, I go down
	mille *pl* milia -ium	thousand
	ante	before *(+ acc)*
	velo -are	I veil, I cover
16	os ossis *(n)*	bone
	tergum -i *(n)*	back
	iacio -ere	I throw
	verbum -i *(n)*	word

1   *homines ... constituit* (lines 1-2): what did Jupiter decide to do, and why?   [4]

2   *ipse ... necati sunt* (lines 2-4): describe the arrival and effects of the flood.   [4]

3   *Deucalion ... ascenderunt* (lines 5-8): explain in detail what we learn here about Deucalion.   [6]

4   *in nave ... erat* (lines 8-9): what happened after Deucalion and his wife had been on board for many days?   [2]

5   *Deucalion ... erat* (lines 9-11): describe the circumstances in which Jupiter laid aside his anger.   [4]

6   Translate lines 12-18 into good English.   [20]

(Turn over)

(b) *Deucalion and Pyrrha interpret a mysterious prophecy and repopulate the earth.*

Pyrrha nunc perterrita lacrimabat. tandem Deucalion 'nonne terra' inquit 'magna mater omnium est? nonne ossa in corpore terrae lapides sunt? itaque dea Themis nos lapides post terga iacere iubet.' his verbis uxori persuasit. Deucalion caput velavit et magnum
5 lapidem post tergum suum iecit. lapis statim in formam hominis crescebat. Deucalion et uxor plures lapides iecerunt. e lapidibus a Deucalione iactis viri facti sunt; si Pyrrha lapides iecit, feminae erant. sic homines post diluvium refecti sunt. duri erant quod e lapidibus venerant, ut laborem ferre possent.

Names

Pyrrha -ae *(f)*	Pyrrha
Deucalion -onis *(m)*	Deucalion
Themis -is *(f)*	Themis

Vocabulary

os ossis *(n)*	bone
corpus -oris *(n)*	body
lapis -idis *(m)*	stone
tergum -i *(n)*	back
3 iacio -ere ieci iactus	I throw
verbum -i *(n)*	word
velo -are -avi	I veil, I cover
forma -ae *(f)*	form, shape
cresco -ere	I grow
8 diluvium -i *(n)*	flood
reficio -ere refeci refectus	I make again, I recreate
durus -a -um	hard
labor -oris *(m)*	work, toil

7   *Pyrrha ... lacrimabat* (line 1): which two of the following words
     describe Pyrrha here?
>   A   happy
>   B   sad
>   C   tired
>   D   afraid
>   E   lost   [2]

8   *tandem ... persuasit* (lines 1-4): explain in detail how Deucalion
     persuaded his wife with his interpretation of the prophecy.   [5]

9   *Deucalion ... crescebat* (lines 4-6): describe how Deucalion tested
     his theory.   [4]

10   *Deucalion ... erant* (lines 6-8): what was the result of
     (a) stones thrown by Deucalion?   [1]
     (b) stones thrown by Pyrrha?   [1]

11   *sic ... possent* (lines 8-9): explain how the origin of the new human
     beings was appropriate for their nature.   [3]

12   For each of the following Latin words, give (i) one English word
     derived from it and (ii) the meaning of the English word:
>   *terra*
>   *corpore*   [4]

[Total 60]

33 (a) *Proserpina is seized by her uncle and taken to the Underworld;
her grieving mother Ceres is hospitably received by a poor farmer.*

Proserpina, filia Iovis et deae Cereris, cum comitibus in agro flores
carpebat. ut flores meliores inveniret, procul erravit; nunc sola erat.
Pluto, Proserpinae patruus, eam conspectam rapuit et in Tartarum
duxit. puella perterrita clamabat; nemo tamen audivit. comites ubi
5   eam abesse tandem senserunt omnes lacrimabant, materque 'filia,
ubi es?' rogavit; nemo tamen ei respondere poterat. Ceres filiam
multas per terras diu quaerebat. dea tam misera erat ut officium
suum neglegeret. homines igitur cibum non habebant; omnes
miserrimi erant. tandem dea in Atticam advenit. dum in saxo defessa
10 sedet, ab agricola paupere visa est, qui eam in casam suam invitavit.

filius agricolae aeger erat. ubi tamen Ceres puero osculum dedit,
morbus statim abiit. agricola uxorque deam laudaverunt. quae, cum
benigne in casam accepta esset, puerum immortalem facere
constituit. itaque media nocte, dum ceteri dormiunt, puerum in foco
15 favilla celavit. subito mater intravit et 'quid facis?' perterrita
clamavit; filium ex igne statim rapuit.

Names

	Proserpina -a *(f)*	Proserpina
	Iuppiter Iovis *(m)*	Jupiter
	Ceres -eris *(f)*	Ceres *(goddess of corn and crops)*
	Pluto -onis *(m)*	Pluto *(god of the Underworld)*
3	Tartarus -i *(m)*	Tartarus, the Underworld
	Attica -ae *(f)*	Attica *(region around Athens)*

Vocabulary

	comes -itis *(f)*	(female) companion
	ager agri *(m)*	field
	flos floris *(m)*	flower
	carpo -ere	I pick, I gather
2	procul	far away, far off
	erro -ere -avi	I wander
	patruus -i *(m)*	uncle
	rapio -ere -ui	I seize
	absum -esse	I am away
7	officium -i *(n)*	job, duty
	neglego -ere	I neglect

	dum	while *(translate present as imperfect)*
	saxum -i *(n)*	rock
	defessus -a -um	tired
10	agricola -ae *(m)*	farmer
	pauper -eris	poor
	casa -ae *(f)*	cottage
	aeger -gra -grum	ill
	osculum -i *(n)*	kiss
12	morbus -i *(m)*	illness
	benigne	in a kindly way
	immortalis -e	immortal
	focus -i *(m)*	hearth
	favilla -ae *(f)*	ash
15	celo -are -avi	I hide
	ignis -is *(m)*	fire

1   *Proserpina ... carpebat* (lines 1-2): what do we learn about Proserpina in this sentence?   [4]

2   *ut ... audivit* (lines 2-4): explain what happened after Proserpina wandered off on her own.   [5]

3   *comites ... poterat* (lines 4-6): how did her companions and her mother react when they realised she was missing?   [3]

4   *Ceres ... erant* (lines 6-9): describe the behaviour of Ceres and its effect on human beings.   [4]

5   *tandem ... invitavit* (lines 9-10): explain how Ceres found a respite from her wanderings.   [4]

6   Translate lines 11-16 into good English.   [20]

(Turn over)

(b) *Ceres eventually discovers the whereabouts of her daughter, and an agreement is reached about the girl's future.*

Ceres respondit: 'donum meum non intellegis. puer igitur mortalis manebit, sed clarus erit: artem agriculturae docebit, ab omnibus laudatus.' dea in caelum discessit. agricola templum Cereri sacrum aedificavit. illa tamen filiam adhuc quaerebat. tandem Sol, qui solus
5 omnia videre potest, dixit eam in Tartaro esse. Ceres igitur Iovem rogavit ut filiam servaret. rex deorum sic respondit: 'Proserpina ibi manebit si cibum consumpsit; si non, liberari potest.' cum puella pauca semina pomi Punici consumpsisset, Iuppiter et frater pactum fecerunt, ut Proserpina sex menses hiemis cum Plutone in Tartaro,
10 sexque menses aestatis cum Cerere in terra habitaret.

Names

	Ceres -eris *(f)*	Ceres
	Sol Solis *(m)*	the Sun
	Tartarus -i *(m)*	Tartarus, the Underworld
	Iuppiter Iovis *(m)*	Jupiter
6	Proserpina -ae *(f)*	Proserpina
	Pluto -onis *(m)*	Pluto

Vocabulary

	mortalis -e	mortal
	clarus -a -um	famous
	agricultura -ae *(f)*	farming, agriculture
	agricola -ae *(m)*	farmer
3	sacer -cra -crum	sacred
	adhuc	still
	semen -inis *(n)*	seed
	pomum -i Punicum -i *(n)*	pomegranate
	pactum -i *(n)*	agreement, bargain
9	mensis -is *(m)*	month
	hiems hiemis *(f)*	winter
	aestas -atis *(f)*	summer

7   *Ceres ... aedificavit* (lines 1-4):
     (a) what did Ceres prophesy about the farmer's son?   [3]
     (b) what did the farmer do after she left?   [1]

8   *illa ... esse* (lines 4-5): how did Ceres find out that her daughter was
     in the Underworld?   [2]

9   *Ceres ... potest* (lines 5-7): how did Jupiter respond to Ceres'
     request that he should save her daughter?   [4]

10   *cum ... consumpsisset* (lines 7-8): why could Proserpina not be set
     free?   [2]

11   *Iuppiter ... habitaret* (lines 8-10): describe in detail the agreement
     made by Jupiter and Pluto about Proserpina.   [4]

12   For each of the following Latin words, give (i) one English word
     derived from it and (ii) the meaning of the English word:
          intellegis
          liberari   [4]

                                                        [Total 60]

34 (a) *Daedalus plans a novel way of escaping from Crete, and warns his son Icarus about the perils of their journey.*

Daedalus erat artifex. omnes artem eius laudaverunt. in Creta multos annos habitaverat, sed nunc Athenas cum Icaro filio redire volebat: iam senex, patriam suam iterum videre cupiebat. Minos tamen, rex Cretae, eos ab insula discedere vetuerat. Daedalus longum exsilium
5   graviter ferebat. 'Minos' inquit 'terras et mare regit. caelum tamen apertum est. viam igitur per caelum faciemus.' tum Daedalus novam artem invenit. nam pennas in ordine posuit, et cera linoque iunxit. aves volantes saepe spectaverat; alas sibi filioque nunc faciebat, ut ipsi velut aves per caelum volarent. Daedalus laborabat; puer Icarus
10   prope patrem stabat. novas alas periculi ignarus spectabat.

Daedalus, postquam alas in umeros suos fixit, volare temptavit. cum cognovisset se hoc facere posse, alas paratas filio dedit. dum in umeros eius alas figit, subito lacrimavit. puerum de periculo sic monuit: 'si prope mare volabis, aqua pennas gravabit; si altius, sol
15   ceram molliet. me duce, mediam viam tenere debes.'

Names

	Daedalus -i *(m)*	Daedalus
	Creta -ae *(f)*	Crete
	Athenae -arum *(f pl)*	Athens
	Icarus -i *(m)*	Icarus
3	Minos -ois *(m)*	Minos

Vocabulary

	artifex -icis *(m)*	craftsman
	patria -ae *(f)*	homeland
	iterum	again
	veto -are -ui	I forbid
4	exsilium -i *(n)*	exile
	graviter fero	I resent, I take badly
	rego -ere	I rule
	apertus -a -um	open
	penna -ae *(f)*	feather
7	ordo -inis *(m)*	row, line
	cera -ae *(f)*	wax
	linus -i *(m)*	thread
	iungo -ere iunxi	I join

	avis -is *(f)*	bird
8	volo -are	I fly
	ala -ae *(f)*	wing
	velut	just like
	ignarus -a -um	unaware
	umerus -i *(m)*	shoulder
11	figo -ere fixi	I fix, I attach
	tempto -are -avi	I try
	dum	while *(translate present as imperfect)*
	moneo -ere -ui	I warn
	gravo -are	I weigh (something) down
14	altius	too high
	sol solis *(m)*	sun
	mollio -ire	I melt (something)

1   *Daedalus ... cupiebat* (lines 1-3): explain in detail what we learn
    about Daedalus here.   [6]

2   *Minos ... faciemus* (lines 3-6):
    (a) who was Minos, and why was he an obstacle to Daedalus?   [3]
    (b) how did Daedalus propose to deal with the problem?   [2]

3   *tum ... iunxit* (lines 6-7):
    (a) write down and translate a Latin phrase indicating that Daedalus
    was doing something never attempted before;   [2]
    (b) give two facts about the construction of the wings.   [2]

4   *aves ... volarent* (lines 8-9): why are birds mentioned twice in this
    sentence?   [2]

5   *Daedalus ... spectabat* (lines 9-10):
    (a) roughly how old do you think Icarus was?   [1]
    (b) what hint are we given here that trouble lay ahead for him? [2]

6   Translate lines 11-15 into good English.   [20]

(Turn over)

(b) *Daedalus and Icarus take to the sky, but the boy becomes disastrously over-ambitious.*

pater et filius <u>alas</u> <u>movebant</u>; in caelo nunc <u>volabant</u>. <u>agricola</u> qui eos <u>volantes</u> vidit credidit esse deos. <u>Icarus</u> tamen ad summum caelum <u>volare</u> mox cupivit: ducem reliquit, <u>altius</u> <u>volavit</u>. <u>sol</u> <u>ceram</u> <u>mollivit</u>; <u>pennae</u> <u>sparsae sunt</u>. puer <u>bracchia</u> <u>nuda</u> nunc <u>movebat</u>;

5   quod <u>alas</u> non habebat, in mare cecidit. <u>dum</u> 'pater' clamat, aqua <u>os</u> <u>clausit</u>. pater perterritus, non iam pater, '<u>Icare</u>' inquit 'ubi es? ubi te quaeram?' tum <u>pennas</u> in mari vidit. artem suam <u>devovit</u>; corpus filii inventum in <u>sepulchrum</u> posuit. mare ubi <u>Icarus</u> cecidit nomen eius <u>adhuc</u> habet.

Names

       Icarus -i *(m)*   Icarus

Vocabulary

	ala -ae *(f)*	wing
	moveo -ere	I move
	volo -are -avi	I fly
	agricola -ae *(m)*	farmer
3	altius	too high
	sol solis *(m)*	sun
	cera -ae *(f)*	wax
	mollio -ire -ivi	I melt (something)
	penna -ae *(f)*	feather
4	spargo -ere sparsi sparsus	I scatter
	bracchium -i *(n)*	arm
	nudus -a -um	bare
	dum	while *(translate present as imperfect)*
	os oris *(n)*	mouth
6	claudo -ere clausi	I close
	devoveo -ere -i	I curse
	sepulchrum -i *(n)*	tomb
	adhuc	still

7   *pater ... deos* (lines 1-2):
     (a) what were Daedalus and Icarus now doing?   [2]
     (b) what was the reaction of the farmer who saw them?   [1]

8   *Icarus ... volavit* (lines 2-3): describe how Icarus became
     over-ambitious.   [3]

9   *sol ... clausit* (lines 3-6): explain in detail what happened to
     Icarus.   [5]

10   *pater ... vidit* (lines 6-7): which three words best describe the
     changing feelings of Daedalus here?
              A   pride
              B   fear
              C   uncertainty
              D   anger
              E   dismay   [3]

11   *artem ... habet* (lines 7-9):
     (a) what did Daedalus do after finding his son's body?   [1]
     (b) what preserves the name of Icarus?   [1]

12   For each of the following Latin words, give (i) one English word
     derived from it and (ii) the meaning of the English word:
              agricola
              mare   [4]

[Total 60]

35 (a) *Perseus: Part 1. The hero is born, despite the precautions of his grandfather Acrisius, and escapes with his mother Danae.*

Acrisius urbem Argos regebat. de filia oraculo monitus est: 'Danae filium habebit qui te necabit.' rex igitur perterritus filiam in turre custodiebat. Iuppiter tamen imbre aureo turrem intravit; mox Perseus natus est. rex, cum de puero cognovisset, iratus erat. puellam de
5 patre filii rogavit. Danae regem deorum patrem esse respondit; quibus verbis non credens, Acrisius etiam iratior erat. servi magnam cistam facere iussi sunt. rex puellam et filium eius in cistam posuit; servos cistam in mare iacere iussit. Danae mortem diu timebat. ventus tamen cistam trans mare ad insulam Seriphum portavit.

10 piscator Dictys nomine cistam in litore invenit. Danae et Perseus servati sunt a piscatore, qui in casam suam eos accepit. multos annos ibi habitabant. Perseus iuvenis fortissimus iam erat, Danae femina pulcherrima. Polydectes, rex insulae, uxorem quaerebat; vir tamen crudelis erat. Perseus 'matrem meam' inquit 'numquam habebis.
15 iuvenis fortissimus sum; te non timeo.'

Names

	Acrisius -i *(m)*	Acrisius
	Argi -orum *(m pl)*	Argos *(city in southern Greece)*
	Danae -es *(f)*	Danae
	Iuppiter Iovis *(m)*	Jupiter
3	Perseus -i *(m)*	Perseus
	Seriphus -i *(f)*	Seriphos *(Greek island)*
	Dictys -yos *(m)*	Dictys
	Polydectes -is *(m)*	Polydectes

Vocabulary

	rego -ere	I rule
	oraculum -i *(n)*	oracle
	turris -is *(f)*	tower
	imber -bris *(m)*	shower
3	aureus -a -um	golden
	nascor -i natus sum	I am born
	verbum -i *(n)*	word
	cista -ae *(f)*	chest
	iacio -ere	I throw
9	ventus -i *(m)*	wind

trans	across *(+ acc)*
piscator -oris *(m)*	fisherman
litus -oris *(n)*	shore
casa -ae *(f)*	cottage

1   *Acrisius ... custodiebat* (lines 1-3):
    (a) what warning did Acrisius receive from the oracle?   [3]
    (b) how did he react?   [3]

2   *Iuppiter ... natus est* (lines 3-4): explain how Jupiter took the action
    of Acrisius as a challenge.   [3]

3   *rex ... erat* (lines 4-6): describe in detail what happened after
    Acrisius found out about the birth of Perseus.   [5]

4   *servi ... timebat* (lines 6-8): explain how Acrisius attempted to get rid
    of Danae and Perseus without actually killing them.   [4]

5   *ventus ... portavit* (line 9): what happened next?   [2]

6   Translate lines 10-15 into good English.   [20]

(Turn over)

(b) *Perseus: Part 2. The hero provokes Polydectes, king of Seriphos, and is set the task of fetching the head of the Gorgon Medusa.*

Polydectes, quamquam iratus erat, nihil dixit. mox tamen omnes iuvenes qui in insula habitabant ad cenam magnificam invitati sunt. Polydectes rogavit ut donum rege dignum quisque ferret. ceteri dona tulerunt; Perseus tamen, a rege rogatus cur nullum donum ferret,

5   dixit: 'caput Medusae solum est donum te dignum.' Polydectes tam iratus erat ut Perseum Gorgonem necare et caput eius ferre iuberet. Perseus, quamquam se haec facturum esse respondit, perterritus erat. nam multa audiverat de hominibus qui, cum Medusam spectavissent, lapidei facti sunt. 'ubi habitant Gorgones?' sibi dixit 'quomodo

10   Medusam superare potero?'

Names

Polydectes -is *(m)*	Polydectes
Perseus -i *(m)*	Perseus
Medusa -ae *(f)*	Medusa
Gorgo -onis *(f)*	Gorgon *(female monster)*

Vocabulary

magnificus -a -um	magnificent
dignus -a -um	worthy of *(+ abl)*
quisque	each
lapideus -a -um	(made of) stone

7   *Polydectes ... ferret* (lines 1-3): concealing his anger, Polydectes
    (a) issued what invitation?   [3]
    (b) made what request?   [2]

8   *ceteri ... dignum* (lines 3-5): explain how the behaviour of Perseus
    differed from that of the other young men, and provoked
    Polydectes.   [5]

9   *Polydectes ... erat* (lines 5-7):
    (a) what did Polydectes tell Perseus to do?   [2]
    (b) how did Perseus reply, despite his fear?   [1]

10   *nam ... facti sunt* (lines 8-9): Perseus had heard about men who were
    made into stone for doing what?
        A   being spied on by Medusa
        B   killing Gorgons
        C   listening to Medusa
        D   looking at Medusa   [1]

11   *ubi ... potero?* (lines 9-10): what was the second question Perseus
    asked himself?   [2]

12   For each of the following Latin words, give (i) one English word
    derived from it and (ii) the meaning of the English word:
        insula
        habitant   [4]

[Total 60]

36   (a) *Perseus: Part 3. The hero, helped by equipment and advice from several sources, confronts and beheads the Gorgon Medusa.*

Perseus, ut caput Medusae quaereret, dona a deis accepit. primo
Mercurius falcem dedit qua Saturnus Uranum olim castraverat.
Minerva scutum politum dedit. tum dei Perseum monuerunt ut
Graeas de itinere rogaret. tres Graeae, Gorgonum sorores, unum
5   oculum unumque dentem inter se habebant; oculo capto, Perseus eas
dicere coegit ubi Nymphae habitarent. Nymphae plura dona iuveni
dederunt: talaria, ut volare posset; saccum, ut caput Medusae
portaret; galeam magicam, ut invisibilis esset. viam ad Gorgones
quoque ostenderunt. Perseus per caelum diu volabat. tandem ad
10   terram descendit; homines lapideos perterritus vidit. silvam intravit
ubi Gorgones habitabant.

Medusa ipsa cum duabus sororibus dormiebat. Medusa sola
serpentes pro crinibus habebat; Medusa sola mortalis erat. Perseus,
falcem in manu tenens, Gorgonibus lente appropinquavit. a Minerva
15   monitus, oculis aversis vultum Medusae in scuto spectabat. caput
falce statim abscidit et in saccum posuit. sorores e somno excitatae
Medusam sine capite sed nullum inimicum viderunt; Perseus galeam
gerens exiit.

Names

	Perseus -i *(m)*	Perseus
	Medusa -ae *(f)*	Medusa
	Mercurius -i *(m)*	Mercury
	Saturnus -i *(m)*	Saturn *(father of Jupiter)*
2	Uranus -i *(m)*	Uranus *(father of Saturn)*
	Minerva -ae *(f)*	Minerva
	Graeae -arum *(f pl)*	the Graeae *(female personifications of old age)*
	Gorgo -onis *(f)*	Gorgon
6	Nympha -ae *(f)*	Nymph *(semi-divine nature spirit)*

Vocabulary

	primo	first
	falx falcis *(f)*	sickle *(curved blade with handle)*
	castro -are -avi	I castrate
	scutum -i *(n)*	shield
3	politus -a -um	polished

	moneo -ere -ui -itus	I warn
	soror -oris *(f)*	sister
	oculus -i *(m)*	eye
	dens dentis *(m)*	tooth
6	cogo -ere coegi	I force
	talaria -um *(n pl)*	winged sandals
	volo -are	I fly
	saccus -i *(m)*	bag
	galea -ae *(f)*	helmet
8	magicus -a -um	magic
	invisibilis -e	invisible
	lapideus -a -um	(made of) stone
	serpens -entis *(m)*	snake
	crines -ium *(m pl)*	hair
13	mortalis -e	mortal
	manus -us *(f)*	hand
	aversus -a -um	turned away
	vultus -us *(m)*	face
	abscindo -ere abscidi	I cut off
16	somnus -i *(m)*	sleep
	excito -are -avi -atus	I rouse, I wake (somebody) up
	sine	without *(+ abl)*
	inimicus -i *(m)*	enemy
	gero -ere	I wear

1 *Perseus ... dedit* (lines 1-3): explain in detail what gifts were given by the gods to Perseus in his quest for the head of Medusa. [5]

2 *tum ... rogaret* (lines 3-4): what advice did the gods then give him? [3]

3 *tres ... habitarent* (lines 4-6): describe the Graeae, and explain how Perseus made them answer his question about the Nymphs. [4]

4 *Nymphae ... ostenderunt* (lines 6-9): what gifts and advice did the Nymphs provide? [4]

5 *Perseus ... habitabant* (lines 9-11): describe Perseus' journey. [4]

6 Translate lines 12-18 into good English. [20]

(Turn over)

(b) *Perseus: Part 4. The hero experiences what the Gorgon's head can do.*

dum Perseus per caelum volat, guttae sanguinis Medusae e sacco in terram ceciderunt. e prima gutta Pegasus, equus volucer, factus est; ex aliis guttis, quae in Libyae arenam ceciderunt, serpentes facti sunt. tandem Perseus defessus advenit in terram quam gigas Atlas
5   nomine regebat. Atlas poma aurea custodiebat; oraculo monitus erat ut filium Iovis caveret. quod timebat ne Perseus poma caperet, iuveni hospitium dare noluit. Perseus iratus caput Medusae ei ostendit; Atlas lapideus factus est. mons igitur ingens, Atlas nomine, adhuc stat.

Names

	Perseus -i *(m)*	Perseus
	Medusa -ae *(f)*	Medusa
	Pegasus -i *(m)*	Pegasus
	Libya -ae *(f)*	Libya *(country in northern Africa)*
4	Atlas -antis *(m)*	Atlas
	Iuppiter Iovis *(m)*	Jupiter

Vocabulary

	dum	while *(translate present as imperfect)*
	volo -are	I fly
	gutta -ae *(f)*	drop
	sanguis -inis *(m)*	blood
1	saccus -i *(m)*	bag
	cado -ere cecidi	I fall
	volucer -cris -cre	winged
	arena -ae *(f)*	sand
	serpens -entis *(m)*	snake
4	defessus -a -um	tired
	gigas -antis *(m)*	giant
	rego -ere	I rule
	pomum -i *(n)*	apple
	aureus -a -um	golden
5	oraculum -i *(n)*	oracle
	moneo -ere -ui -itus	I warn
	caveo -ere	I am wary of
	hospitium -i *(n)*	hospitality
	lapideus -a -um	(made of) stone
9	adhuc	still

7 *dum ... facti sunt* (lines 1-4): describe the creatures which sprang from drops of Medusa's blood.   [5]

8 *tandem ... regebat* (lines 4-5): where did Perseus finally arrive? [3]

9 *Atlas ... noluit* (lines 5-7): why was Atlas wary of Perseus, and how did this affect his behaviour towards him?   [4]

10 *Perseus ... factus est* (lines 7-8): how did Perseus respond, and with what result?   [3]

11 *mons ... stat* (lines 8-9): what is Atlas now?
       A   a book
       B   a giant
       C   a god
       D   a mountain   [1]

12 For each of the following Latin words, give (i) one English word derived from it and (ii) the meaning of the English word:
       equus
       ostendit   [4]

[Total 60]

37 (a) *Perseus: Part 5. The hero finds, rescues and marries*
Andromeda, dealing decisively with her wicked uncle Phineus.

Perseus ad Graeciam iam redibat. dum per caelum volat, subito
statuam puellae procul conspexit, rupibus vinctam. ubi
appropinquavit, non statuam sed puellam lacrimantem vidit. cives et
rex eorum, Cepheus nomine, puellam lacrimantes spectabant.
5 Perseus eos rogavit: 'quis est haec puella? cur sic punitur?' cui rex
'Andromeda' inquit 'filia mea est. regina dixit eam pulchriorem esse
quam Nereides. Neptunus igitur monstrum e mari cotidie mittit. si
filiam monstro offeram, iram dei avertere potero.' subito monstrum e
mari exiit. Perseus caput Medusae monstro appropinquanti ostendit;
10 monstrum statim lapideum factum est. iuvenis Andromedam falce
liberatam servavit.

Perseus Andromedam in matrimonium ducere voluit: omnes
laetissimi erant. cum omnia parata essent, convivae advenerunt.
subito tamen intravit Phineus, Andromedae patruus crudelis, qui ipse
15 eam in matrimonium ducere cupiverat. gladium tenuit. 'nisi puellam
habebo' inquit 'multus sanguis fluet.' Perseum iterum caput
Medusae e sacco cepit; Phineus quoque lapideus factus est.

Names

	Perseus -i *(m)*	Perseus
	Graecia -ae *(f)*	Greece
	Cepheus -i *(m)*	Cepheus
	Andromeda -ae *(f)*	Andromeda
7	Nereides -um *(f pl)*	Nereids *(sea-nymphs)*
	Neptunus -i *(m)*	Neptune *(god of the sea)*
	Medusa -ae *(f)*	Medusa
	Phineus -i *(m)*	Phineus

Vocabulary

	dum	while *(translate present as imperfect)*
	volo -are	I fly
	statua -ae *(f)*	statue
	procul	far away
2	rupes -is *(f)*	cliff
	vincio -ire vinxi vinctus	I bind, I tie
	regina -ae *(f)*	queen
	monstrum -i *(n)*	monster

	cotidie	every day
8	offero offerre	I offer
	averto -ere	I turn (something) aside
	lapideus -a -um	(made of) stone
	falx falcis *(f)*	sickle *(curved blade with handle)*
	in matrimonium duco	I marry
13	conviva -ae *(m)*	guest
	patruus -i *(m)*	uncle
	gladius -i *(m)*	sword
	nisi	unless
	sanguis -inis *(m)*	blood
16	fluo -ere	I flow
	iterum	again
	saccus -i *(m)*	bag

1   *Perseus ... vidit* (lines 1-3): as Perseus was flying back to Greece, what did he think he saw, and what had he really seen?   [6]

2   *cives ... spectabant* (lines 3-4): what were the people and their king doing as they watched the girl?
>   A   rejoicing
>   B   shouting
>   C   weeping
>   D   working   [1]

3   *Perseus ... potero* (lines 5-8): explain in detail what Perseus learned from Cepheus about the girl and her present situation.   [6]

4   *subito ... factum est* (lines 8-10): what did Perseus do when the monster emerged from the sea, and with what result?   [4]

5   *iuvenis ... servavit* (lines 10-11): what did Perseus do next?   [3]

6   Translate lines 12-17 into good English.   [20]

(Turn over)

(b) *Perseus: Part 6. The successful hero returns to surprise Polydectes, but later accidentally fulfils an old oracle.*

Perseus Andromedam in matrimonium duxit. deinde Seriphum navigaverunt. Polydectes, rex crudelissimus, adhuc regebat. Danae, mater Persei, et Dictys, piscator qui eam Perseumque olim servaverat, captivi erant. dum Polydectes cenam consumit, subito
5   intravit Perseus. 'ecce!' inquit 'caput Medusae tibi fero.' his verbis non credens, rex iuvenem spectavit, qui caput tenebat. Polydectes quoque lapideus factus est. Perseus et Andromeda iterum discesserunt. in itinere Larissam venerunt. ibi rex ludos magnos faciebat. Perseus certamen disci iniit. discum tam fortiter iecit ut
10   senem in turba forte necaret. ille Argis discesserat et Larissam advenerat quod, oraculo monitus, timebat ne a nepote necaretur: senex erat Acrisius, avus Persei.

Names

	Perseus -i *(m)*	Perseus
	Andromeda -ae *(f)*	Andromeda
	Seriphus -i *(f)*	Seriphos *(Greek island)*
	Polydectes -is *(m)*	Polydectes
2	Danae -es *(f)*	Danae
	Dictys -yos *(m)*	Dictys
	Medusa -ae *(f)*	Medusa
	Larissa -ae *(f)*	Larissa *(city in central Greece)*
	Argi -orum *(m pl)*	Argos *(city in southern Greece)*
12	Acrisius -i *(m)*	Acrisius

Vocabulary

	in matrimonium duco	I marry
	adhuc	still
	rego -ere	I rule, I reign
	piscator -oris *(m)*	fisherman
4	captivus -i *(m)*	prisoner
	dum	while *(translate present as imperfect)*
	verbum -i *(n)*	word
	lapideus -a -um	(made of) stone
	iterum	again
8	ludi -orum *(m pl)*	games
	certamen -inis *(n)*	contest
	discus -i *(m)*	discus
	iacio -ere ieci	I throw

Section 2

	forte	by chance
11	oraculum -i *(n)*	oracle
	moneo -ere -ui -itus	I warn
	nepos -otis *(m)*	grandson
	avus -i *(m)*	grandfather

7   *Perseus ... erant* (lines 1-4):
    (a) what did Perseus and Andromeda do after getting married?   [1]
    (b) describe the situation they found when they arrived.   [3]

8   *dum ... fero* (lines 4-5): how did Perseus take Polydectes by
    surprise during dinner?   [2]

9   *his ... factus est* (lines 5-7): after Polydectes expressed disbelief,
    what happened?   [2]

10   *Perseus ... iniit* (lines 7-9):
    (a) what was happening when Perseus and Andromeda reached
    Larissa?   [2]
    (b) how did Perseus get involved?   [1]

11   *discum ... Persei* (lines 9-12): describe in detail the accident that
    followed, and how it fulfilled a prophecy.   [5]

12   For each of the following Latin words, give (i) one English word
    derived from it and (ii) the meaning of the English word:
        navigaverunt
        itinere   [4]

[Total 60]

38   (a) *Oedipus survives his father's attempt to get rid of him, and after
a series of adventures is posed a riddle.*

Laius, rex Thebarum, oraculum dirum accepit: 'filius te necabit.'
itaque ubi Iocasta uxor puerum peperit, rex servo imperavit ut infans
in monte Cithaerone exponeretur, pedibus fibula iunctis. servus
tamen, quod pueri miserescebat, eum pastori Corinthio in monte
5   tradidit. qui cum Corinthum rediisset, infantem regi reginaeque ibi
dedit, quod nullum filium habebant. cum pedes turgidi essent,
nomen Oedipus ei datum est. ubi Oedipus iuvenis erat, homo ebrius
olim ei dixit: 'tu nothus es.' quamquam rex reginaque haec verba
falsa esse dixerunt, Oedipus Delphos festinavit. oraculum dirum
10   accepit: 'patrem necabis, matrem in matrimonium duces.' Corinthum
igitur numquam rediit.

dum per Graeciam iter facit, loco appropinquavit ubi tres viae
conveniunt. ibi senex qui in curru vehebatur viam ei cedere noluit;
etiam baculo oppugnavit. Oedipus iratus senem necavit et servos
15   eius; unus tamen effugit, qui infantem olim servaverat. postea
Oedipus Thebas advenit. Sphinx, monstrum dirum, aenigma urbi
dederat: 'quid habet mane quattuor pedes, meridie duos, vespere
tres?'

Names

	Laius -i *(m)*	Laius
	Thebae -arum *(f pl)*	Thebes *(city in central Greece)*
	Iocasta -ae *(f)*	Jocasta
	Cithaeron -onis *(m)*	Cithaeron *(mountain near Thebes)*
4	Corinthius -a -um	Corinthian, from Corinth
	Corinthus -i *(f)*	Corinth *(city in central Greece)*
	Oedipus -odis *(m)*	Oedipus *(literally 'swollen- footed')*
	Delphi -orum *(m pl)*	Delphi *(oracle in central Greece)*
	Graecia -ae *(f)*	Greece
16	Sphinx Sphingis *(f)*	Sphinx

Vocabulary

	oraculum -i *(n)*	oracle
	dirus -a -um	dreadful
	pario -ere peperi	I give birth to
	infans -antis *(m)*	baby
3	expono -ere	I expose

	pes pedis *(m)*	foot
	fibula -ae *(f)*	pin
	iungo -ere iunxi iunctus	I join
	miseresco -ere	I take pity on *(+ gen)*
4	pastor -oris *(m)*	shepherd
	regina -ae *(f)*	queen
	turgidus -a -um	swollen
	ebrius -a -um	drunk
	nothus -i *(m)*	bastard
8	verbum -i *(n)*	word
	falsus -a -um	false
	in matrimonium duco	I marry
	dum	while *(translate present as imperfect)*
	currus -us *(m)*	chariot
13	vehor -i	I travel, I ride
	cedo -ere	I yield
	baculum -i *(n)*	stick
	oppugno -are -avi	I attack
	postea	afterwards
16	monstrum -i *(n)*	monster
	aenigma -atis *(n)*	riddle
	mane	in the morning
	meridie	at midday
	vespere	in the evening

1 *Laius ... iunctis* (lines 1-3): why and how did Laius try to get rid of his new-born son? [6]

2 *servus ... habebant* (lines 3-6): explain in detail what actually happened to the baby. [6]

3 *cum ... datum est* (lines 6-7): why was he called 'Oedipus'? [1]

4 *ubi ... es* (lines 7-8): in what circumstances was his identity later challenged? [2]

5 *quamquam ... rediit* (lines 8-11): describe what happened after the king and queen of Corinth had tried in vain to reassure Oedipus. [5]

6 Translate lines 12-18 into good English. [20]

(Turn over)

(b) *Oedipus solves the riddle of the Sphinx, and later uncovers the more horrific riddle of his own life.*

omnes qui <u>aenigmati</u> respondere non poterant a <u>monstro</u> consumpti sunt. <u>Oedipus</u> tamen intellexit: homo est qui <u>primo</u> <u>reptat</u>, tum ambulat, tandem <u>baculum</u> habet. <u>Sphinx</u> victa abiit. cives laetissimi erant. <u>Oedipus</u> rex <u>Thebarum</u> factus est et <u>reginam</u> <u>viduam</u> <u>in</u>
5   <u>matrimonium duxit</u>; duos filios duasque filias habebant. <u>Oedipus</u> multos per annos bene <u>regebat</u>. deinde <u>pestilentia</u> cives <u>oppressit</u>. <u>oraculum</u> <u>dirum</u> acceperunt: 'hominem qui regem <u>Laium</u> necavit quaerere debetis.' tandem servus qui <u>infantem</u> <u>pastori</u> dederat, et qui <u>postea</u> sene necato effugerat, omnia <u>patefecit</u>: <u>Oedipus</u> ipse patrem
10 <u>Laium</u> necaverat, matrem <u>Iocastam</u> <u>in matrimonium duxerat</u>.

Names

	Oedipus -odis *(m)*	Oedipus
	Sphinx Sphingis *(f)*	Sphinx
	Thebae -arum *(f pl)*	Thebes
	Laius -i *(m)*	Laius
10	Iocasta -ae *(f)*	Jocasta

Vocabulary

	aenigma -atis *(n)*	riddle
	monstrum -i *(n)*	monster
	primo	at first
	repto -are	I crawl
3	baculum -i *(n)*	walking-stick
	regina -ae *(f)*	queen
	viduus -a -um	widowed
	in matrimonium duco	I marry
	rego -ere	I rule
6	pestilentia -ae *(f)*	plague
	opprimo -ere oppressi	I crush
	oraculum -i *(n)*	oracle
	dirus -a -um	dreadful
	infans -antis *(m)*	baby
8	pastor -oris *(m)*	shepherd
	postea	afterwards
	patefacio -ere patefeci	I reveal

7   *omnes ... consumpti sunt* (lines 1-2): what happened to people who
    could not answer the riddle of the Sphinx?
    A   they were beheaded
    B   they were burned
    C   they were eaten
    D   they were exiled   [1]

8   *Oedipus ... habet* (lines 2-3): explain the solution offered by
    Oedipus.   [4]

9   *Sphinx ... regebat* (lines 3-6): describe what happened in Oedipus'
    life after he had defeated the Sphinx.   [4]

10 *deinde ... debetis* (lines 6-8): after the plague broke out, what were
    the people of Thebes instructed by an oracle to do?   [3]

11 *tandem ... duxerat* (lines 8-10): what horrific facts were finally
    revealed by the slave who had handed over the baby and later
    escaped after the old man was killed?   [4]

12 For each of the following Latin words, give (i) one English word
    derived from it and (ii) the meaning of the English word:
        regem
        pastori   [4]

[Total 60]

39 (a) *Antigone buries her brother in defiance of Creon's orders,*
appealing in justification to the unwritten laws of the gods.

post mortem <u>Oedipodis</u>, <u>Eteocles</u> et <u>Polynices</u> filii eius <u>Thebas</u>
<u>regebant</u>. tum tamen <u>iurgaverunt</u>; <u>Eteocles</u> fratrem ex urbe
<u>expulit</u>. <u>Polynices</u> <u>Argos</u> fugit, ubi filiam regis amabat. <u>exercitum</u>
<u>Argivorum</u> <u>contra</u> <u>patriam</u> suam duxit. erant urbi <u>Thebis</u> septem
5 portae. <u>Polynices</u> portam <u>septimam</u> <u>oppugnavit</u>, quae ab <u>Eteocle</u>
custodiebatur. diu pugnabant. <u>Thebani</u> tandem vicerunt; fratres
tamen <u>alter alterum</u> necaverant. <u>Eteocles</u> post mortem <u>honorem</u> et
<u>sepulchrum</u> accepit; <u>corpus</u> fratris in <u>campo</u> relictum est. <u>Creon</u>,
<u>Iocastae</u> frater qui <u>Thebas</u> nunc <u>regebat</u>, civibus nuntiavit:
10 '<u>Polynices</u> <u>patriam</u> suam <u>oppugnavit</u>; <u>si quis</u> eum <u>sepelire</u> <u>audebit</u>,
morte punietur.' his <u>verbis</u> auditis, cives perterriti erant.

<u>Antigone</u> tamen, duorum iuvenum <u>soror</u>, <u>Creonti</u> <u>parere</u> nolebat. in
<u>campum</u> igitur exiit ut <u>corpus</u> fratris <u>sepeliret</u>. cum hoc fecisset, a
militibus capta est. <u>Creon</u> 'cur' inquit 'mihi non <u>paruisti</u>?' cui
15 <u>Antigone</u> respondit: '<u>leges</u> tuae hodie <u>valent</u>; <u>leges</u> deorum,
quamquam non scriptae sunt, semper manent. ego fratrem meum his
<u>legibus</u> <u>parens</u> <u>sepelivi</u>.'

Names

	Oedipus -odis *(m)*	Oedipus
	Eteocles -is *(m)*	Eteocles
	Polynices -is *(m)*	Polynices
	Thebae -arum *(f pl)*	Thebes *(city in central Greece)*
3	Argi -orum *(m pl)*	Argos *(city in southern Greece)*
	Argivi -orum *(m pl)*	Argives, people of Argos
	Thebani -orum *(m pl)*	Thebans, people of Thebes
	Creon -ontis *(m)*	Creon
	Iocasta -ae *(f)*	Jocasta
12	Antigone -es *(f)*	Antigone

Vocabulary

	rego -ere	I rule
	iurgo -are -avi	I quarrel
	expello -ere expuli	I drive out
	exercitus -us *(m)*	army
4	contra	against *(+ acc)*
	patria -ae *(f)*	homeland, country

	septimus -a -um	seventh
	oppugno -are -avi	I attack
	alter alterum	each other
7	honor -oris *(m)*	honour
	sepulchrum -i *(n)*	tomb
	corpus -oris *(n)*	body
	campus -i *(m)*	plain
	si quis	if anyone
10	sepelio -ire -ivi	I bury
	audeo -ere	I dare
	verbum -i *(n)*	word
	soror -oris *(f)*	sister
	pareo -ere -ui	I obey (+ *dat*)
15	lex legis *(f)*	law
	valeo -ere	I am valid

1   *post ... regebant* (lines 1-2): what happened after the death of Oedipus? [2]

2   *tum ... duxit* (lines 2-4): explain fully how a civil war then broke out. [5]

3   *erant ... necaverant* (lines 4-7): describe the circumstances in which the two brothers killed each other before the Thebans were finally victorious. [4]

4   *Eteocles ... relictum est* (lines 7-8): in what contrasting ways were their bodies treated? [2]

5   *Creon ... perterriti erant* (lines 8-11):
(a) who was Creon, and what role did he now have? [2]
(b) what announcement did he make to the citizens? [4]
(c) how did the citizens feel when they heard this? [1]

6   Translate lines 12-17 into good English. [20]

(Turn over)

(b) *In another story with a similar theme, Ajax disgraces and then kills himself; his rival Ulysses defends his right to burial.*

ubi Achilles Troiae necatus est, Aiax et Ulixes de armis eius claris certamen habebant. Agamemnon et Menelaus certaminis iudices erant; arma Ulixi tradita sunt. Aiax igitur iratus consilium cepit ut duos duces nocte oppugnaret. dum Agamemnon et frater dormiunt,
5   Aiax tentoriis eorum gladium tenens appropinquavit. dea Minerva tamen eum tam insanum fecit ut oves pro ducibus necaret. Aiax mane inventus est cum ovibus mortuis; multus sanguis erat. ceteri milites ridebant. Aiax igitur se gladio transfixit. Agamemnon corpus eius primo sepeliri vetuit; Ulixes tamen, quamquam inimicus mortui
10   fuerat, ei persuasit ut Aiax sepeliretur.

Names

	Achilles -is *(m)*	Achilles
	Troia -ae *(loc* -ae*) (f)*	Troy
	Aiax -acis *(m)*	Ajax
	Ulixes -is *(m)*	Ulysses
2	Agamemnon -onis *(m)*	Agamemnon
	Menelaus -i *(m)*	Menelaus
	Minerva -ae *(f)*	Minerva

Vocabulary

	arma -orum *(n pl)*	arms, armour
	clarus -a -um	famous
	certamen -inis *(n)*	contest
	iudex -icis *(m)*	judge
3	consilium capio	I make a plan
	dux ducis *(m)*	leader
	oppugno -are -avi	I attack
	dum	while *(translate present as imperfect)*
	tentorium -i *(n)*	tent
5	gladius -i *(m)*	sword
	insanus -a -um	mad
	oves -ium *(f pl)*	sheep
	mane	in the morning
	mortuus -a -um	dead
7	sanguis -inis *(m)*	blood
	transfigo -ere transfixi	I stab
	corpus -oris *(n)*	body
	primo	at first

	sepelio -ire -ivi	I bury
9	veto -are -ui	I forbid
	inimicus -i *(m)*	enemy

7   *ubi ... tradita sunt* (lines 1-3): explain in detail what happened after Achilles was killed at Troy. [5]

8   *Aiax ... appropinquavit* (lines 3-5): what did Ajax plan to do, and how did he set about carrying this out? [3]

9   *dea ... necaret* (lines 5-6): how did Minerva deflect his anger? [2]

10   *Aiax mane ... ridebant* (lines 6-8): next morning, what caused the other soldiers to laugh? [2]

11   *Aiax igitur ... sepeliretur* (lines 8-10):
(a) what did Ajax then do? [1]
(b) describe the argument over his body, and its outcome. [3]

12   For each of the following Latin words, give (i) one English word derived from it and (ii) the meaning of the English word:
      frater
      tenens [4]

[Total 60]

40   (a) *Midas is granted a wish which soon proves a curse; eventually
the god Bacchus tells him how to get rid of it.*

Midas rex Phrygiae erat. olim vicini senem ebrium captum ei
duxerunt. Midas curam cibumque ei dedit. senex Silenus erat, dei
Bacchi comes. deus igitur se praemium Midae daturum esse
promisit: 'quodcumque vis, habebis.' Midas, qui magnas divitias
5   iam habebat, oravit ut omnia a se tacta in aurum mutarentur.
Bacchus, quamquam periculum futurum esse sciebat, regi hoc
donum dedit. Midas laetissimus erat. poculum tetigit: ecce! aurum
erat. sed Midas non satis cogitaverat. ubi cibum tenuit, aurum erat;
ubi aquam bibere voluit, aurum erat. Midas nec bibere nec cenam
10   consumere poterat. omnia in aurum mutata sunt, sed aurum non iam
cupiebat.

Midas in magno periculo nunc erat. Bacchum igitur oravit ut donum
removeret. deus regem ad flumen Pactolum ire iussit. 'aqua
fluminis' inquit 'et aurum et auri desiderium removebit.' Midas,
15   cum ad flumen festinavisset, in aquam statim se iecit. flumen aurum
removit, regem sanavit; pulvis auri in aqua Pactoli adhuc invenitur.

Names

	Midas -ae *(m)*	Midas
	Phrygia -ae *(f)*	Phrygia *(region of modern Turkey)*
	Silenus -i *(m)*	Silenus
	Bacchus -i *(m)*	Bacchus
13	Pactolus -i *(m)*	Pactolus *(river in modern Turkey)*

Vocabulary

	vicinus -i *(m)*	neighbour
	ebrius -a -um	drunk
	cura -ae *(f)*	care
	comes -itis *(m)*	companion
3	praemium -i *(n)*	reward
	quodcumque	whatever
	divitiae -arum *(f pl)*	wealth
	oro -are -avi	I beg
	tango -ere tetigi tactus	I touch
5	aurum -i *(n)*	gold
	muto -are -avi -atus	I change (something)
	poculum -i *(n)*	wine-cup

	satis	enough
	cogito -are -avi	I think
9	nec ... nec	neither ... nor
	removeo -ere -i	I take away
	flumen -inis *(n)*	river
	et ... et	both ... and
	desiderium -i *(n)*	desire for *(+ gen)*
15	iacio -ere ieci	I throw
	sano -are -avi	I cure
	pulvis -eris *(m)*	dust
	adhuc	still

1   *Midas ... comes* (lines 1-3): what do we learn here about Midas and
    Silenus?   [5]

2   *deus ... habebis* (lines 3-4): what offer did Bacchus make to
    Midas?   [2]

3   *Midas ... mutarentur* (lines 4-5): what did Midas choose, and why
    might this seem greedy?   [4]

4   *Bacchus ... aurum erat* (lines 6-8): describe the contrasting feelings
    of Bacchus and Midas.   [4]

5   *sed ... cupiebat* (lines 8-11): explain fully how the wish granted to
    Midas turned out to be a curse.   [5]

6   Translate lines 12-16 into good English.   [20]

(Turn over)

(b) *Failing to learn from his previous experience, Midas angers Apollo; his punishment proves impossible to keep secret.*

Midas, quamquam de periculo divitiarum nunc sciebat, nondum sapiens erat. quod divitias non iam amabat, in silvis saepe manebat. olim Pan et Apollo in certamine ibi cantabant. Apollo certamen vicit. ceteri qui deos audiverant laeti erant; Midas tamen iudicem
5 vituperavit. itaque Apollo iratus aures eius in aures asini mutavit. Midas igitur petasum postea gerebat; servus tamen qui crines eius secabat de secreto cognito tacere non poterat. fossam igitur fecit, et in terram susurravit: 'Midas aures asini habet.' fossa obruta, servus abiit; sed harundines ibi crescentes adhuc in vento sussurant: 'Midas
10 aures asini habet.'

Names

Midas -ae *(m)*	Midas
Pan Panos *(m)*	Pan
Apollo -inis *(m)*	Apollo

Vocabulary

	divitiae -arum *(f pl)*	wealth
	nondum	not yet
	sapiens -entis	wise
	certamen -inis *(n)*	contest
3	canto -are	I sing
	iudex -icis *(m)*	judge
	vitupero -are -avi	I criticise
	auris -is *(f)*	ear
	asinus -i *(m)*	ass, donkey
5	muto -are -avi	I change (something)
	petasus -i *(m)*	hat
	postea	afterwards
	gero -ere	I wear
	crines -ium *(m pl)*	hair
7	seco -are	I cut
	secretum -i *(n)*	secret
	taceo -ere	I am silent
	fossa -ae *(f)*	trench
	susurro -are -avi	I whisper
8	obruo -ere -i -tus	I fill in
	harundo -inis *(f)*	reed
	cresco -ere	I grow

adhuc   still
ventus -i *(m)*   wind

7   *Midas ... vicit* (lines 1-3): what did Midas witness in the woods, and what was its outcome?   [4]

8   *ceteri ... vituperavit* (lines 4-5): how did the behaviour of Midas contrast with that of other listeners?   [3]

9   *itaque ... mutavit* (line 5): how did Apollo punish Midas?   [2]

10   *Midas ... habet* (lines 6-8):
       (a) how did Midas try to conceal his guilty secret?   [1]
       (b) how did the slave know about it?   [1]
       (c) when the slave felt unable to keep the secret, what did he do to relieve his feelings?   [3]

11   *fossa ... habet* (lines 8-10): what natural feature seems still to repeat the words spoken by the slave?   [2]

12   For each of the following Latin words, give (i) one English word derived from it and (ii) the meaning of the English word:
        aures
        crescentes   [4]

[Total 60]

41   (a) *Alcyone's anxiety about the voyage of her husband Ceyx proves justified, but a timely metamorphosis reunites the couple.*

<u>Alcyone</u> femina pulchra erat. <u>Ceyx</u>, <u>maritus</u> eius, iter <u>trans</u> mare ad <u>oraculum</u> <u>Apollinis</u> facere consituit, ut de morte fratris quaereret. <u>Alcyone</u> tamen, ubi de consilio audivit, <u>ventos</u> et <u>undas</u> timebat. 'cur' inquit 'me relinquere vis? quomodo solus navigare potes?
5   naves saepe <u>tempestatibus</u> delentur. periculum maris timeo, sed <u>tecum</u> navigare cupio. uxorem tuam <u>tecum</u> ducere debes. sola manere nolo.' <u>Ceyx</u> tamen <u>nec</u> consilium <u>mutare</u> <u>nec</u> uxorem <u>secum</u> ducere volebat. quamquam <u>Alcyone</u> diu lacrimabat, <u>Ceyx</u> 'vale!' uxori abiturus dixit 'ego <u>tutus</u> ero. tibi mox redibo.' itaque <u>Ceyx</u>
10 uxorem reliquit et <u>trans</u> mare navigabat.

subito tamen <u>tempestas</u> erat. navis deleta est. <u>Ceyx</u>, <u>dum</u> '<u>Alcyone</u>!' clamat, in <u>undis</u> periit. <u>Alcyone</u> in <u>somnio</u> <u>maritum</u> <u>mortuum</u> vidit. <u>mane</u> ad <u>litus</u> festinavit; <u>corpus</u> eius in mari vidit. 'sic redis, <u>marite</u>?' dixit lacrimans. deinde in <u>undas</u> cucurrit, ut cum viro esset. dei
15 tamen eorum <u>miserescebant</u>: <u>Ceyx</u> et <u>Alcyone</u> in <u>halcyones</u> <u>mutati</u> <u>sunt</u>.

Names

Alcyone -es *(f)*	Alcyone
Ceyx -ycis *(m)*	Ceyx
Apollo -inis *(m)*	Apollo

Vocabulary

	maritus -i *(m)*	husband
	trans	across *(+ acc)*
	oraculum -i *(n)*	oracle
	ventus -i *(m)*	wind
3	unda -ae *(f)*	wave
	tempestas -atis *(f)*	storm
	tecum	= cum te
	nec ... nec	neither ... nor
	muto -are -avi -atus	I change (something)
7	secum	= cum se
	tutus -a -um	safe
	dum	while *(translate present as imperfect)*
	somnium -i *(n)*	dream
	mortuus -a -um	dead

13	mane	in the morning
	litus -oris *(n)*	shore
	corpus -oris *(n)*	body
	miseresco -ere	I take pity on *(+ gen)*
	halcyon -onis *(f)*	halcyon *(type of bird; the sea was believed to remain calm during its hatching)*

1 *Alcyone ... quaereret* (lines 1-2): what do we learn here about Alcyone and Ceyx?   [5]

2 *Alcyone ... potes* (lines 3-4):
   (a) what was Alcyone's reaction to her husband's plan?   [1]
   (b) what questions did she ask him?   [3]

3 *naves ... nolo* (lines 5-7): what points did Alcyone make to Ceyx?   [5]

4 *Ceyx ... redibo* (lines 7-9):
   (a) how did Ceyx react?   [2]
   (b) how did he try to reassure his weeping wife?   [2]

5 *itaque ... navigabat* (lines 9-10): which two of the following statements are true?
A	Ceyx left with his wife
B	Ceyx left without his wife
C	Ceyx went down to get his wife back
D	Ceyx set off on a sea voyage
E	Ceyx went sailing in the morning

                                                              [2]

6 Translate lines 11-16 into good English.   [20]

(Turn over)

(b) *In another story with a similar theme, Leander's romantic nightly swim to meet his lover Hero ends in tragedy.*

Leander iuvenis erat qui in altero litore Hellesponti habitabat. sacerdotem Veneris conspectam amavit. sacerdos, Hero nomine, in altero litore templum deae curabat. Leander trans Hellespontum nocte natabat. Hero lucernam in litore relinquebat ut viam ei
5   ostenderet. noctem amori dabant; mane Leander domum natabat. hoc per totam aestatem laetissime faciebant. ubi hiems advenit, tempestates saepe erant. Leander tamen adhuc trans Hellespontum natabat; amor sacerdotis tantus erat ut periculum non timeret. olim lucerna vento extincta est. Leander e via erravit et in undis periit.
10   mane Hero, corpore in litore viso, a summo templo se in mare iecit.

Names

	Leander -dri *(m)*	Leander
	Hellespontus -i *(m)*	Hellespont *(Dardanelles, channel separating Europe from Asia)*
	Venus -eris *(f)*	Venus
2	Hero *(f)*	Hero

Vocabulary

	alter -era -erum	*(first time)* one, *(second time)* the other
	litus -oris *(n)*	shore
	sacerdos -otis *(f)*	priestess
3	curo -are	I look after
	trans	across *(+ acc)*
	nato -are	I swim
	lucerna -ae *(f)*	lamp
	mane	in the morning
5	domum	home, homewards
	aestas -atis *(f)*	summer
	hiems hiemis *(f)*	winter
	tempestas -atis *(f)*	storm
	adhuc	still
9	ventus -i *(m)*	wind
	extinguo -ere extinxi extinctus	I extinguish
	erro -are -avi	I wander, I stray
	unda -ae *(f)*	wave
	corpus -oris *(n)*	body
10	iacio -ere ieci	I throw

7   *Leander ... curabat* (lines 1-3): what are we told here about Leander
    and Hero?   [5]

8   *Leander ... ostenderet* (lines 3-5): how did Hero help Leander with
    his nightly swim?   [2]

9   *noctem ... timeret* (lines 5-8):
    (a) why might the change of season have altered their behaviour? [2]
    (b) why did it not in fact do so?   [2]

10 *olim ... periit* (lines 8-9): what on one occasion went wrong? [3]

11 *mane ... iecit* (line 10): what did Hero do next morning when she
    saw Leander's dead body?   [2]

12 For each of the following Latin words, give (i) one English word
    derived from it and (ii) the meaning of the English word:
               erravit
               summo   [4]

                                                        [Total 60]

42   (a) *Jason and the Argonauts: Part 1. After helping a goddess, the hero is sent by his usurping uncle to fetch the Golden Fleece.*

Iason filius erat Aesonis, quem frater Pelias Iolco expulerat. iuvenis regnum patris a patruo capere constituit. cum iter per montes faceret, ad flumen altum advenit. in ripa sedebat femina, vestes sordidas gerens; tam vetus erat ut flumen transire non posset. Iasonem igitur
5   rogavit ut se transportaret. ille, quamquam feminam tam sordidam tangere nolebat, tandem eam in umeris posuit et per aquam ambulavit. cum flumen transivissent, Iason miraculum vidit: nam ante eum stabat non femina misera sed Iuno, regina deorum. iuvenis perterritus erat, sed dea promisit se auxilium ei semper daturam esse.

10   Iason tamen in flumine soleam amiserat. itaque altero pede nudo regnum patrui intravit. Pelias a deis olim monitus erat ut virum unam soleam gerentem caveret. itaque Iasonem visum magnopere timebat. iuvenis 'ego' inquit 'Aesonis filius tandem reveni. regnum patris a te posco.' cui Pelias respondit: 'si regnum vis, vellus aureum in
15   Graeciam referre debes.'

Names

	Iason -onis *(m)*	Jason
	Aeson -onis *(m)*	Aeson
	Pelias -ae *(m)*	Pelias
	Iolcus -i *(m)*	Iolcus *(city in northern Greece)*
8	Iuno -onis *(f)*	Juno
	Graecia -ae *(f)*	Greece

Vocabulary

	expello -ere expuli	I drive out
	regnum -i *(n)*	kingdom
	patruus -i *(m)*	uncle
	flumen -inis *(n)*	river
3	altus -a -um	deep
	ripa -ae *(f)*	riverbank
	vestes -ium *(f pl)*	clothes
	sordidus -a -um	dirty
	gero -ere	I wear
4	vetus -eris	old
	transeo -ire -ivi	I cross
	transporto -are	I carry across
	tango -ere	I touch

	umerus -i *(m)*	shoulder
7	miraculum -i *(n)*	miracle
	ante	in front of *(+ acc)*
	regina -ae *(f)*	queen
	solea -ae *(f)*	sandal
	amitto -ere amisi	I lose
10	alter -era -erum	*(here)* one (of two)
	pes pedis *(m)*	foot
	nudus -a -um	bare
	moneo -ere -ui -itus	I warn
	caveo -ere	I am wary of
12	magnopere	greatly
	posco -ere	I demand
	vellus -eris *(n)*	fleece
	aureus -a -um	golden

1   *Iason ... constituit* (lines 1-2): what do we learn here about Jason, his family, and his ambition?   [4]

2   *cum ... posset* (lines 2-4): describe in detail Jason's encounter with the old woman by the river.   [5]

3   *Iasonem ... ambulavit* (lines 4-7):
(a) what request did the old woman make?   [1]
(b) why was Jason reluctant to comply?   [2]
(c) what did he do in the end?   [2]

4   *cum ... deorum* (lines 7-8): what happened after they had crossed the river?   [3]

5   *iuvenis ... daturam esse* (lines 8-9):
(a) how did Jason react?   [1]
(b) what promise did the goddess make?   [2]

6   Translate lines 10-15 into good English.   [20]

(Turn over)

(b) *Jason and the Argonauts: Part 2. The history of the Fleece and the gathering of the Argonauts.*

Iason mandata laete accepit. Pelias tamen sperabat iuvenem, in periculum missum, numquam rediturum esse. omnes qui aderant de vellere audiverant: olim Phrixus, novercam fugiens, ad Colchidem portatus est in tergo arietis qui vellus aureum habebat. cum
5   advenisset, arietem sacrificavit. rex Colchidis, Aeetes nomine, vellus de arbore suspendit. draco qui numquam dormivit vellus adhuc custodiebat. Iason nunc promisit se hoc vellus relaturum esse. nuntios per Graeciam misit. multi viri fortissimi convenerunt ut cum Iasone in Colchidem navigarent. Argo, maxima navis,
10   aedificata est; viri navigaturi a nomine navis Argonautae vocati sunt. tandem omnia parata sunt. Argonautae a Graecia discesserunt.

Names

	Iason -onis *(m)*	Jason
	Pelias -ae *(m)*	Pelias
	Phrixus -i *(m)*	Phrixus *(son of a king of Thebes, hated by his father's second wife)*
3	Colchis -idis *(f)*	Colchis *(country at the eastern end of the Black Sea)*
	Aeetes -is *(m)*	Aeetes
	Graecia -ae *(f)*	Greece
	Argo *(f)*	Argo
10	Argonautae -arum *(m pl)*	Argonauts

Vocabulary

	mandata -orum *(n pl)*	instructions
	spero -are	I hope
	adsum -esse	I am present
	vellus -eris *(n)*	fleece
3	noverca -ae *(f)*	stepmother
	tergum -i *(n)*	back
	aries -etis *(m)*	ram
	aureus -a -um	golden
	sacrifico -are -avi	I sacrifice
6	arbor -oris *(f)*	tree
	suspendo -ere -i	I hang (something)
	draco -onis *(m)*	dragon
	adhuc	still

7   *Iason ... rediturum esse* (lines 1-2):
    (a) how did Jason feel?   [1]
    (b) what did Pelias hope, and why?   [2]

8   *omnes ... sacrificavit* (lines 2-5): describe in detail what everyone
    had heard about Phrixus and his journey to Colchis.   [4]

9   *rex ... custodiebat* (lines 5-7): which three of the following
    statements are correct?
            A   Aeetes was king of Colchis
            B   Aeetes hanged himself
            C   the Fleece was suspended from a tree
            D   the dragon was always asleep
            E   the dragon was still guarding the Fleece   [3]

10 *Iason ... navigarent* (lines 7-9): describe how Jason recruited helpers
    to fulfil his promise to travel to Colchis and get the Fleece.   [3]

11 *Argo ... discesserunt* (lines 9-11):
    (a) why were the Argonauts so called?   [2]
    (b) what did they do when everything was ready?   [1]

12 For each of the following Latin words, give (i) one English word
    derived from it and (ii) the meaning of the English word:
            custodiebat
            omnia   [4]

[Total 60]

43 (a) *Jason and the Argonauts: Part 3. After various adventures on their journey, the heroes successfully negotiate the Clashing Rocks.*

Argonautae <u>trans</u> mare diu navigabant. ad insulam <u>Lemnum</u>
venerunt, ubi feminae solae habitabant; viros suos olim necaverant.
<u>Hypsipyle</u> <u>regina</u> ceteraeque feminae <u>Argonautas</u> laete acceperunt.
deinde <u>Iason</u> cum amicis in terram ivit ubi <u>Amycus</u>, <u>pugil</u>
5 <u>clarissimus</u>, rex erat. ille omnes qui advenerunt ad <u>pugnam</u>
<u>provocabat</u> et multos iam necaverat, sed unus <u>Argonautarum</u> eum
facile superavit. tum <u>Thraciae</u> appropinquaverunt. <u>Phineus</u>, <u>vates</u>
<u>caecus</u>, <u>Argonautis</u> cenam optimam paravit. subito tamen <u>aves</u>
ingentes appropinquaverunt; omnem cibum paratum <u>abstulerunt</u>.
10 <u>vates</u> '<u>Harpyiae</u>' inquit 'semper hoc faciunt; a <u>Iove</u> missae sunt
quod ego consilium deorum hominibus olim nuntiavi.' <u>Argonautae</u>
<u>Harpyias</u> necaverunt; <u>vates</u> <u>gratus</u> de periculis futuris eis dixit.

<u>Argonautae</u> in maximum periculum mox venerunt. nam <u>strepitum</u>
ingentem subito audiverunt. <u>saxa</u> ingentia viderunt, quae <u>aditum</u>
15 <u>Euxini</u> custodiebant. <u>saxa</u> <u>primo</u> <u>immota</u> manebant; subito
<u>concurrentia</u> nullam viam navibus reliquerunt. ibi multae naves iam
deletae erant. <u>Iason</u> tamen, de hoc periculo a <u>Phineo</u> <u>monitus</u>,
<u>columbam</u> e nave misit. cum <u>avis</u> <u>tuta</u> rediisset, Iason <u>prodigio</u>
accepto inter <u>saxa</u> <u>tutus</u> navigavit.

Names

	Argonautae -arum *(m pl)*	Argonauts
	Lemnus -i *(f)*	Lemnos *(Greek island)*
	Hypsipyle -es *(f)*	Hypsipyle
	Iason -onis *(m)*	Jason
4	Amycus -i *(m)*	Amycus
	Thracia -ae *(f)*	Thrace *(region north of Greece)*
	Phineus -i *(m)*	Phineus
	Harpyiae -arum *(f pl)*	Harpies *(mythical large birds with women's faces)*
10	Iuppiter Iovis *(m)*	Jupiter
	Euxinus -i *(m)*	the Black Sea

Vocabulary

trans	across *(+ acc)*
regina -ae *(f)*	queen

	pugil -ilis *(m)*	boxer
	clarus -a -um	famous
5	pugna -ae *(f)*	fight
	provoco -are	I challenge
	vates -is *(m)*	prophet
	caecus -a -um	blind
	avis -is *(f)*	bird
9	aufero auferre abstuli	I steal
	gratus -a -um	grateful, thankful
	strepitus -us *(m)*	noise, din
	saxum -i *(n)*	rock
	aditus -us *(m)*	entrance
15	primo	at first
	immotus -a -um	motionless
	concurro -ere	I clash
	moneo -ere -ui -itus	I warn
	columba -ae *(f)*	dove
18	tutus -a -um	safe
	prodigium -i *(n)*	omen, portent

1   *Argonautae ... acceperunt* (lines 1-3): what are we told here about the Argonauts' encounter with the women of Lemnos?   [4]

2   *deinde ... superavit* (lines 4-7): who was Amycus, and how did the Argonauts deal with him?   [5]

3   *tum ... abstulerunt* (lines 7-9):
(a) how did the blind prophet Phineus welcome the Argonauts when they arrived in Thrace?   [2]
(b) how was his welcome spoiled?   [3]

4   *vates ... nuntiavi* (lines 10-11): how did Phineus explain the activities of the Harpies?   [3]

5   *Argonautae ... dixit* (lines 11-12):
(a) how did the Argonauts deal with the Harpies?   [1]
(b) how did Phineus thank them?   [2]

6   Translate lines 13-19 into good English.   [20]

(Turn over)

(b) *Jason and the Argonauts: Part 4. King Aeetes describes the difficulties that will confront Jason in obtaining the Fleece.*

deinde <u>Argonautae</u> <u>Euxinum</u>, mare ingens numquam <u>antea</u> a <u>Graecis</u> visum, intraverunt. mox ad <u>Colchidem</u> advenerunt. rex <u>Aeetes</u> <u>Iasonem</u> quid vellet rogavit. <u>Iason</u> '<u>vellus</u> <u>aureum</u>' inquit 'ad <u>Graeciam</u> referre iussus sum.' cui rex respondit: '<u>vellus</u> non habebis
5   nisi <u>laboribus</u> tuis. <u>tauros</u> habeo qui <u>flammas</u> <u>spirant</u>: his <u>iugatis</u> <u>agrum</u> <u>arare</u> debes. in hoc <u>agro</u> <u>dentes</u> <u>draconis</u> <u>seres</u>; e terra viri <u>armati</u> venient, qui te <u>oppugnabunt</u>: omnes necare debes. <u>vellus</u> in silva custoditur ab altero <u>dracone</u> qui numquam dormit: quem si superabis, <u>vellus</u> capere poteris.' <u>Iason</u> haec <u>verba</u> perterritus audivit,
10   sed auxilium a deis parabatur.

Names

	Argonautae -arum *(m pl)*	Argonauts
	Euxinus -i *(m)*	the Black Sea
	Graeci -orum *(m pl)*	Greeks
	Colchis -idis *(f)*	Colchis *(country at the eastern end of the Black Sea)*
2	Aeetes -is *(m)*	Aeetes
	Iason -onis *(m)*	Jason
	Graecia -ae *(f)*	Greece

Vocabulary

	antea	before, previously
	vellus -eris *(n)*	fleece
	aureus -a -um	golden
	nisi	except
5	labor -oris *(m)*	labour, effort
	taurus -i *(m)*	bull
	flamma -ae *(f)*	flame
	spiro -are	I breathe
	iugo -are -avi -atus	I yoke *(for ploughing)*
6	ager agri *(m)*	field
	aro -are	I plough
	dens dentis *(m)*	tooth
	draco -onis *(m)*	dragon
	sero -ere	I sow
7	armatus -a -um	armed
	oppugno -are	I attack
	verbum -i *(n)*	word

7   *deinde ... iussus sum* (lines 1-4):
     (a) what had no Greek before the Argonauts done?   [1]
     (b) what did Aeetes ask Jason?   [1]
     (c) how did Jason reply?   [2]

8   *cui ... arare debes* (lines 4-6): Aeetes told Jason he could get the
     Fleece only by his own efforts. What was the first task he had to
     perform?   [4]

9   *in hoc ... necare debes* (lines 6-7): what would happen when Jason
     sowed the dragon's teeth in the field, and how would he have to
     react?   [4]

10   *vellus ... poteris* (lines 7-9): what would Jason have to overcome to
     gain the Fleece?   [2]

11   *Iason ... parabatur* (lines 9-10):
     (a) how did Jason react to the king's words?   [1]
     (b) from what source was help going to come?   [1]

12   For each of the following Latin words, give (i) one English word
     derived from it and (ii) the meaning of the English word:
          dentes
          verba   [4]

                                                           [Total 60]

44 (a) *Jason and the Argonauts: Part 5. Medea falls in love with Jason and gives him help in the tasks imposed by Aeetes.*

rex Aeetes filiam habebat Medeam, quae venefica erat. deae Iuno
Venusque Iasonem custodire volebant. Venus igitur filium
Cupidinem misit, qui Medeam sagitta amoris transfixit. illa igitur
Iasonem conspectum statim amavit. itaque, ubi pater eum tauros
5   iugare, dentes serere, draconem superare iussit, Medea Iasoni
auxilium dare constituit. eum igitur nocte dormientem excitavit:
'Medea, filia regis, sum. sine me cras peribis; auxilio meo vinces.'
Iasoni roganti quomodo puella sola haec facere posset 'unguentum'
inquit 'dabo, quod corpus tuum ab omni vulnere defendet. si
10 promittes te ad Graeciam me ducturum esse, vellus aureum habebis.'

postridie omnes convenerunt ut Iasonem spectarent. iuvenis agrum
intravit ubi tauri feroces manebant. tum miraculum ab omnibus
visum est. Iason flammis quas tauri spirabant non incensus est. eos
iugare, agrum arare, dentes serere facile poterat. cum viri armati e
15 terra venissent, Iason saxum ingens in medios hostes iecit. illi inter
se pugnaverunt; multis sic necatis, Iason ceteros superavit.

Names

	Aeetes -is *(m)*	Aeetes
	Medea -ae *(f)*	Medea
	Iuno -onis *(f)*	Juno
	Venus -eris *(f)*	Venus
2	Iason -onis *(m)*	Jason
	Cupido -inis *(m)*	Cupid *(god of love)*
	Graecia -ae *(f)*	Greece

Vocabulary

	venefica -ae *(f)*	witch
	sagitta -ae *(f)*	arrow
	transfigo -ere transfixi	I pierce
	taurus -i *(m)*	bull
5	iugo -are	I yoke *(for ploughing)*
	dens dentis *(m)*	tooth
	sero -ere	I sow
	draco -onis *(m)*	dragon
	excito -are -avi	I rouse, I wake (somebody) up
7	sine	without *(+ abl)*

	cras	tomorrow
	unguentum -i *(n)*	ointment
	corpus -oris *(n)*	body
	vulnus -eris *(n)*	wound
9	defendo -ere	I defend
	vellus -eris *(n)*	fleece
	aureus -a -um	golden
	postridie	on the next day
	ager agri *(m)*	field
12	miraculum -i *(n)*	miracle
	flamma -ae *(f)*	flame
	spiro -are	I breathe
	incendo -ere -i incensus	I burn
	aro -are	I plough
14	armatus -a -um	armed
	saxum -i *(n)*	rock
	iacio -ere ieci	I throw

1   *rex ... erat* (line 1): state two facts about Medea.   [2]

2   *deae ... amavit* (lines 1-4): Juno and Venus wanted to help Jason.
Explain in detail how Venus used Medea to achieve this.   [5]

3   *itaque ... vinces* (lines 4-7):
(a) when Aeetes imposed the three tasks on Jason, what did Medea
decide to do?   [1]
(b) in what circumstances did she approach him?   [2]
(c) after introducing herself, what did she say to him?   [4]

4   *Iasoni ... defendet* (lines 8-9): when Jason asked how Medea could
help him, what did she say in reply?   [5]

5   *si ... habebis* (lines 9-10): which statement best describes what Jason
had to promise in order to gain the Fleece?
   A   he would make Medea a Greek
   B   he would take Medea to Greece
   C   he would teach Medea Greek
   D   he would tell Medea everything   [1]

6   Translate lines 11-16 into good English.   [20]

(Turn over)

(b) *Jason and the Argonauts: Part 6. Jason obtains the Fleece; he and Medea ruthlessly elude their pursuers, then dispose of Pelias.*

tum Iason ad silvam festinavit ubi draco vellus aureum custodiebat. herbas magicas a Medea datas in draconem iecit. 'nunc tandem dormies' inquit 'qui numquam dormivisti.' somnus draconem statim superavit; Iason vellus de arbore suspensum cepit et ad navem laetus
5   portavit. Argonautae discedere parabant; Medea parvum fratrem Absyrtum secum duxit. ubi Aeetes eos abiisse audivit, navem iratus paravit. Medea tamen fratrem necatum dissecavit; partes in mare iecit. dum Aeetes has colligit, Argonautae effugerunt. ubi Iolcum advenerunt, Pelias adhuc rex erat; Medea tamen filiabus eius
10   persuasit ut patrem dissecatum coquerent, false promittens se sic eum iuvenem iterum facturam esse.

Names

	Iason -onis *(m)*	Jason
	Medea -ae *(f)*	Medea
	Argonautae -arum *(m pl)*	Argonauts
	Absyrtus -i *(m)*	Absyrtus
6	Aeetes -is *(m)*	Aeetes
	Iolcus -i *(m)*	Iolcus
	Pelias -ae *(m)*	Pelias

Vocabulary

	draco -onis *(m)*	dragon
	vellus -eris *(n)*	fleece
	aureus -a -um	golden
	herba -ae *(f)*	herb
2	magicus -a -um	magic
	iacio -ere ieci	I throw
	somnus -i *(m)*	sleep
	arbor -oris *(f)*	tree
	suspendo -ere -i suspensus	I hang
6	secum	= cum se
	disseco -are -avi -atus	I dissect
	dum	while *(translate present as imperfect)*
	colligo -ere	I collect
	adhuc	still
10	coquo -ere	I cook
	false	falsely
	iterum	again

7   *tum ... dormivisti* (lines 1-3): describe in detail how Jason dealt with the dragon. [4]

8   *somnus ... portavit* (lines 3-5): what happened next? [3]

9   *Argonautae ... duxit* (lines 5-6): as the Argonauts were preparing to leave, what did Medea do? [1]

10   *ubi Aeetes ... effugerunt* (lines 6-8): explain how Medea delayed Aeetes, enabling the Argonauts to escape. [3]

11   *ubi Iolcum ... facturam esse* (lines 8-11):
(a) what was the situation in Iolcus when the Argonauts arrived? [1]
(b) how did Medea deal with it? [4]

12   For each of the following Latin words, give (i) one English word derived from it and (ii) the meaning of the English word:
dormies
navem [4]

[Total 60]

45   (a) *Orpheus loses his wife Eurydice, but is granted permission to bring her back from the Underworld, with a condition attached.*

Orpheus, cantor clarissimus, regis et deae filius erat. Apollo lyra data iuvenem cantare docuit. Orpheus in urbe cantabat: omnes cives artem eius laudaverunt. Orpheus in montibus cantabat: tota natura capta est. omnia animalia, etiam arbores et flumina advenerunt ut
5   eum audirent. cum Argonautis navigavit: mare tranquillum erat. ubi rediit, nympham Eurydicam in matrimonium duxit. uxor tamen, morsu serpentis vulnerata, mox mortua est. Orpheus, quod miserrimus erat, in Tartarum descendere constituit ut Eurydicam reduceret. Cerberus, canis saevissimus qui tria capita habebat, portas
10   Tartari custodiebat; armis numquam superatus erat. ubi tamen Orpheum cantantem audivit, caudam laete movit; cantori viam dedit.

Orpheus igitur regnum Plutonis intravit. in Tartaro cantabat: umbrae vocem eius intente audiebant. tandem ante regem Plutonem stabat: 'uxorem carissimam quaero, sine qua non vivere possum.' Pluto,
15   voce cantoris captus, ei permisit Eurydicam in terram reducere. sed vetuit eum in itinere ad uxorem respicere. 'si eam spectabis' inquit 'Eurydica e Tartaro numquam discedet.'

Names

	Orpheus -i *(m)*	Orpheus
	Apollo -inis *(m)*	Apollo
	Argonautae -arum *(m pl)*	Argonauts
	Eurydica -ae *(f)*	Eurydice
8	Tartarus -i *(m)*	Tartarus, the Underworld
	Cerberus -i *(m)*	Cerberus
	Pluto -onis *(m)*	Pluto *(ruler of the Underworld)*

Vocabulary

	cantor -oris *(m)*	singer, musician
	clarus -a -um	famous
	lyra -ae *(f)*	lyre *(simple stringed instrument)*
	canto -are	I sing
3	natura -ae *(f)*	nature
	animal -alis *(n)*	animal
	arbor -oris *(f)*	tree
	flumen -inis *(n)*	river
	tranquillus -a -um	calm

6	nympha -ae *(f)*	nymph *(semi-divine nature spirit)*
	in matrimonium duco	I marry
	morsus -us *(m)*	bite
	serpens -entis *(m)*	snake
	vulnero -are -avi -atus	I wound
7	morior mori mortuus sum	I die
	arma -orum *(n pl)*	arms, weapons
	cauda -ae *(f)*	tail
	moveo -ere movi	I move, I wag
	regnum -i *(n)*	kingdom
12	umbra -ae *(f)*	ghost
	intente	intently
	ante	before, in front of *(+ acc)*
	carus -a -um	dear
	sine	without *(+ abl)*
15	permitto -ere permisi	I allow *(+ dat)*
	veto -are -ui	I forbid
	respicio -ere	I look back

1 *Orpheus ... docuit* (lines 1-2): what do we learn about Orpheus here? [4]

2 *Orpheus in urbe ... audirent* (lines 2-5): describe in detail the effects of Orpheus' music. [4]

3 *cum ... duxit* (lines 5-6): which two statements are true?
   A Orpheus steered the Argo
   B Orpheus accompanied the Argonauts
   C Orpheus found a nymph in the sea
   D Orpheus married a nymph [2]

4 *uxor ... reduceret* (lines 6-9):
   (a) what happened to Eurydice? [3]
   (b) how did Orpheus react? [3]

5 *Cerberus ... dedit* (lines 9-11): describe Orpheus' encounter with Cerberus. [4]

6 Translate lines 12-17 into good English. [20]

(Turn over)

(b) *Orpheus fails to comply and loses Eurydice again; finally he suffers a violent death, but his singing head remains.*

Orpheus ante uxorem ambulabat. iter longum atque difficile erat. cum e Tartaro paene exiissent, Orpheus Eurydicam sequentem audire non poterat. timebat ne uxor in regnum Plutonis rediisset. itaque, amore uxoris superatus, tandem respexit. Eurydica statim in
5 Tartarum revocata est. Orpheus iterum miserrimus erat. in silvis manebat, homines effugiens. de Eurydica semper cantabat. Bacchae in silvis errabant. quaeque Orpheum oravit ut se amaret. ille, cum recusavisset, a feminis iratis divulsus est. membra eius per silvam sparsa sunt. caput, adhuc cantans, in flumine natabat.

Names

	Orpheus -i *(m)*	Orpheus
	Tartarus -i *(m)*	Tartarus, the Underworld
	Eurydica -ae *(f)*	Eurydice
	Pluto -onis *(m)*	Pluto
6	Bacchae -arum *(f pl)*	Bacchae *(female followers of Bacchus)*

Vocabulary

	ante	before, in front of *(+ acc)*
	sequor sequi	I follow
	regnum -i *(n)*	kingdom
	respicio -ere respexi	I look back
5	iterum	again
	canto -are	I sing
	erro -are	I wander
	quisque quaeque quidque	each
	oro -are -avi	I beg
8	recuso -are -avi	I refuse
	divello -ere -i divulsus	I tear apart
	membrum -i *(n)*	limb
	spargo -ere sparsi sparsus	I scatter
	adhuc	still
9	flumen -inis *(n)*	river
	nato -are	*(here)* I float

7   *Orpheus ... respexit* (lines 1-4): explain in detail how Orpheus came
to break the condition Pluto had imposed. [5]

8   *Eurydica ... erat* (lines 4-5):
(a) what happened to Eurydice? [1]
(b) how did Orpheus react? [1]

9   *in silvis ... cantabat* (lines 5-6): state two things that Orpheus did
while trying to avoid human company. [2]

10   *Bacchae ... divulsus est* (lines 6-8):
(a) how did Orpheus anger the Bacchae? [2]
(b) what did they do to him? [1]

11   *membra ... natabat* (lines 8-9): what happened to his body parts? [4]

12   For each of the following Latin words, give (i) one English word
derived from it and (ii) the meaning of the English word:
        audire
        sparsa [4]

[Total 60]

46   (a) *Niobe, punished by the goddess Latona for boasting, is initially defiant but has her grief made permanent by metamorphosis.*

Apollo filius erat Latonae, Diana filia. feminae Thebarum deam Latonam semper colebant. Niobe tamen, uxor regis Thebarum, non laeta erat. 'cur' inquit 'deam Latonam semper colitis? ego, regina tua, filia sum Tantali, qui cum deis cenam habebat. alter avus est
5   Atlas, qui caelum umeris tenet; alter est Iuppiter ipse. ego septem filios et septem filias pulcherrimas habeo. Latona duos liberos habet. me igitur, non Latonam, colere debetis.' Latona tamen, cum haec verba audivisset, auxilium a liberis suis irata petivit. Apollo igitur ad urbem descendit. septem filii reginae in agris equitabant; Apollo
10   omnes sagittis suis transfixit.

Niobe ubi pueros mortuos vidit 'nonne laeta es, Latona?' clamavit 'sed ego adhuc te supero; nam septem filias adhuc habeo.' puellae prope corpora fratrum stabant; Diana omnes sagittis suis transfixit. Niobe miserrima nunc erat. diu lacrimabat; tandem Iuppiter eam in
15   saxum mutavit. in monte Sipylo aqua lacrimarum adhuc de saxo manat.

Names

	Apollo -inis *(m)*	Apollo
	Latona -ae *(f)*	Latona
	Diana -ae *(f)*	Diana
	Thebae -arum *(f pl)*	Thebes *(city in central Greece)*
2	Niobe -es *(f)*	Niobe
	Tantalus -i *(m)*	Tantalus *(son of Zeus and a nymph)*
	Atlas -antis *(m)*	Atlas
	Iuppiter Iovis *(m)*	Jupiter
	Sipylus -i *(m)*	Sipylus *(mountain in modern Turkey)*

Vocabulary

	colo -ere	I worship
	regina -ae *(f)*	queen
	alter -era -erum	*(first time)* one, *(second time)* the other
4	avus -i *(m)*	grandfather
	umerus -i *(m)*	shoulder
	liberi -orum *(m pl)*	children
	verbum -i *(n)*	word

	ager agri *(m)*	field
9	equito -are	I ride a horse
	sagitta -ae *(f)*	arrow
	transfigo -ere transfixi	I pierce
	mortuus -a -um	dead
	adhuc	still
13	corpus -oris *(n)*	body
	saxum -i *(n)*	rock
	muto -are -avi	I change (something)
	lacrima -ae *(f)*	tear
	mano -are	I flow

1   *Apollo ... colebant* (lines 1-2): what do we learn here about
Latona?   [3]

2   *Niobe ... colitis?* (lines 2-3):
(a) who was Niobe?   [2]
(b) why was she not happy?   [3]

3   *ego, regina ... ipse* (lines 3-5): what boasts did Niobe make about
her relatives?   [4]

4   *ego septem ... debetis* (lines 5-7): in what way did Niobe claim that
she was superior to Latona, and a more suitable object of
worship?   [3]

5   *Latona ... transfixit* (lines 7-10): describe in detail how Latona
enlisted the help of her son Apollo in order to punish Niobe.   [5]

6   Translate lines 11-16 into good English.   [20]

(Turn over)

(b) *In a contrasting story, Baucis and Philemon hospitably welcome divine visitors, and are duly rewarded.*

Iuppiter et Mercurius ad terram descenderunt, hospitium ab hominibus petentes. ad multas villas adierunt; nemo eos accepit. tandem Philemon senex et Baucis uxor deos in casam parvam invitaverunt. quamquam pauperes erant, diligenter laborabant ut
5   bonam cenam hospitibus pararent. dum cibum consumunt, senex et uxor miraculum viderunt: pocula saepe complebantur, sed vinum numquam defecit. perterriti erant. hospites tamen dixerunt: 'dei sumus. vicinos qui nihil dederunt puniemus. vos soli nos in casam accepistis; vos soli deis hospitium dedistis. nunc casam relinquere et
10 montem ascendere debetis.' ubi pauperes ad summum montem cum deis advenissent, respexerunt; terram aqua submersam viderunt, et casam suam in templum splendidum mutatam.

Names

Iuppiter Iovis *(m)*	Jupiter
Mercurius -i *(m)*	Mercury
Philemon -onis *(m)*	Philemon
Baucis -idis *(f)*	Baucis

Vocabulary

	hospitium -i *(n)*	hospitality
	casa -ae *(f)*	cottage
	pauper -eris	poor
	diligenter	carefully
5	hospes -itis *(m)*	guest
	dum	while *(translate present as imperfect)*
	miraculum -i *(n)*	miracle
	poculum -i *(n)*	wine-cup
	compleo -ere	I fill
7	defici -ere defeci	I run out, I cease to flow
	vicinus -i *(m)*	neighbour
	respicio -ere respexi	I look back
	submergo -ere submersi submersus	I submerge
12	splendidus -a -um	splendid, magnificent
	muto -are -avi -atus	I change (something)

7   *Iuppiter ... accepit* (lines 1-2): describe the experience of Jupiter and
     Mercury when they came down to earth.   [3]

8   *tandem ... pararent* (lines 3-5): how did Baucis and Philemon show
     hospitality?   [3]

9   *dum ... erant* (lines 5-7):
     (a) how did the old man and his wife become aware that their guests
     were not just ordinary people?   [2]
     (b) how did they react to this discovery?   [1]

10   *hospites ... debetis* (lines 7-10): explain in detail what the divine
     guests said was going to happen, and why.   [4]

11   *ubi ... mutatam* (lines 10-12): what did the old couple see when they
     got to the top of the mountain?   [3]

12   For each of the following Latin words, give (i) one English word
     derived from it and (ii) the meaning of the English word:
          senex
          complebantur   [4]

                                                      [Total 60]

47 (a) *Laomedon cheats the gods and is punished; trying the same thing on Hercules, he gets his comeuppance.*

olim Neptunus et Apollo e caelo a Iove expulsi sunt. uterque deus
formam hominis habebat. Laomedon, rex Troiae, muros urbis eo
tempore aedificabat. dei auxilium offerebant; rex se praemium eis
daturum esse promisit. ubi tamen muri perfecti sunt, rex scelestus
5   praemium deis non dedit; etiam eos Troia expulit. Apollo igitur
pestem, Neptunus monstrum misit. monstrum cotidie e mari exiit;
cives perterriti erant. rex oraculo iussus est filiam suam monstro
sacrificare, ut Troia his malis liberaretur. dum tamen pater
miserrimus puellam offerre parat, Hercules forte advenit. 'ego'
10   inquit 'contra monstrum pugnabo et puellam servabo. si hoc faciam,
quid praemium mihi dabis?'

cui Laomedon respondit: 'dabo tibi equos claros qui vento celeriores
sunt.' monstrum e mari subito exiit; puellae appropinquavit.
Hercules monstrum fuste oppugnatum necavit. puella servata,
15   patrem eius equos rogavit. iterum tamen rex scelestus praemium non
dedit. Hercules igitur iratus discessit; mox cum amicis rediit. urbe
oppugnata, Laomedon ab Hercule necatus est.

Names

	Neptunus -i *(m)*	Neptune
	Apollo -inis *(m)*	Apollo
	Iuppiter Iovis *(m)*	Jupiter
	Laomedon -ontis *(m)*	Laomedon
2	Troia -ae *(f)*	Troy
	Hercules -is *(m)*	Hercules

Vocabulary

	expello -ere expuli	I drive out
	uterque utraque utrumque	each (of two)
	forma -ae *(f)*	form, appearance
	murus -i *(m)*	wall
3	offero offerre	I offer
	praemium -i *(n)*	reward
	perficio -ere perfeci perfectus	I complete
	scelestus -a -um	wicked
	pestis -is *(f)*	plague
6	monstrum -i *(n)*	monster

	cotidie	every day
	oraculum -i *(n)*	oracle
	sacrifico -are	I sacrifice
	mala -orum *(n pl)*	troubles
8	dum	while *(translate present as imperfect)*
	forte	by chance
	contra	against *(+ acc)*
	clarus -a -um	famous
	ventus -i *(m)*	wind
14	fustis -is *(m)*	club
	oppugno -are -avi -atus	I attack
	iterum	again

1   *olim ... habebat* (lines 1-2): why were Neptune and Apollo going around in human form? [2]

2   *Laomedon ... expulit* (lines 2-5): explain in detail how Laomedon cheated and ill-treated the two gods. [5]

3   *Apollo ... erant* (lines 5-7): how did the gods punish Troy? [4]

4   *rex ... liberaretur* (lines 7-8): what did the oracle tell Laomedon he had to do? [3]

5   *dum ... dabis?* (lines 8-11):
(a) what was happening when Hercules arrived? [2]
(b) what did Hercules say he would do? [2]
(c) what question did he ask Laomedon? [2]

6   Translate lines 12-17 into good English. [20]

(Turn over)

(b) *Priam succeeds Laomedon and receives an ominous prophecy about his son Paris.*

post mortem patris, <u>Priamus</u> rex <u>Troiae</u> factus est. <u>Priamus</u> et uxor, <u>Hecuba</u> nomine, multos <u>liberos</u> habebant e quibus <u>Hector</u> <u>natu maximus</u> et <u>bello</u> fortissimus erat. ubi tamen <u>regina</u> <u>iterum</u> <u>gravida</u> erat, in <u>somnio</u> sic <u>monita est</u>: 'filium habebis qui <u>Troiam</u> delebit.'
5   <u>Hecuba</u> <u>Priamo</u> haec narravit. mox <u>Paris</u> <u>natus est</u>. quamquam <u>infans</u> pulcher erat, <u>Priamus</u> eum in monte <u>Ida</u> <u>exponi</u> iussit; nam timebat ne <u>Troia</u> ab eo deleretur. <u>Paris</u> tamen a <u>pastore</u> in monte inventus est; qui, quod <u>infantis</u> <u>miserescebat</u>, eum servavit. <u>pastor</u> puerum cum <u>liberis</u> suis <u>educavit</u>.

Names

Priamus -i *(m)*	Priam *(son of Laomedon)*
Troia -ae *(f)*	Troy
Hecuba -ae *(f)*	Hecuba
Hector -oris *(m)*	Hector
5 Paris -idis *(m)*	Paris
Ida -ae *(f)*	Ida *(mountain near Troy)*

Vocabulary

liberi -orum *(m pl)*	children
natu maximus -a -um	eldest
bellum -i *(n)*	war
regina -ae *(f)*	queen
3 iterum	again
gravidus -a -um	pregnant
somnium -i *(n)*	dream
moneo -ere -ui -itus	I warn
nascor nasci natus sum	I am born
5 infans -antis *(m)*	baby
expono -ere	I expose
pastor -oris *(m)*	shepherd
miseresco -ere	I take pity on *(+ gen)*
educo -are -avi	I bring up

7   *post ... erat* (lines 1-3): what do we learn here about Priam and his family? [5]

8   *ubi ... delebit* (lines 3-4): when the queen was pregnant again, what warning did she receive in a dream? [2]

9   *Hecuba ... deleretur* (lines 5-7): explain in detail what happened next, and why. [5]

10   *Paris ... servavit* (lines 7-8): which three statements are true?
     A   Paris at last found a shepherd
     B   Paris was found on the mountain
     C   the shepherd took pity on the baby
     D   Paris served the shepherd
     E   Paris was saved by the shepherd [3]

11   *pastor ... educavit* (lines 8-9): with whom was Paris brought up? [1]

12   For each of the following Latin words, give (i) one English word derived from it and (ii) the meaning of the English word:
     natus
     inventus [4]

[Total 60]

48   (a) *The Greeks gather at Aulis to sail to Troy, but Agamemnon angers Diana and is made to pay a high price for their departure.*

Graeci mille naves et plurimos milites Aulidem miserunt. Troiam navigare cupiebant ut urbem caperent. Diana tamen ventos inhibebat; naves igitur navigare non poterant. Graeci diu ibi manebant. dea irata erat quod Agamemnon cervum sibi sacrum in
5   silvis necaverat. tum vates, Calchas nomine, Agamemnoni dixit: 'dea poenam poscit. filiam Iphigeniam sacrificare debes. si hoc facies, Graeci Troiam navigare poterunt.' Agamemnon miserrimus erat. Menelaus tamen ei persuasit ut puellam sacrificaret. Agamemnon igitur epistulam uxori scripsit. simulabat Achillem
10   Iphigeniam in matrimonium ducere velle. puella igitur a matre Aulidem missa est. Iphigenia laeta advenit; cum tamen causam itineris cognovisset, perterrita erat.

tum pater miserrimus filiam suam Dianae sacrificare parabat. omnes qui prope aram stabant oculos averterunt, ne mortem Iphigeniae
15   viderent. dea tamen puellae miserescebat. aram nube densa celavit. cervum pro puella in aram posuit. cervus sacrificatus est; Diana Iphigeniam ad terram Taurorum portavit, ut sacerdos sua ibi esset. Graeci, quamquam quid accidisset nesciebant, Troiam navigare tandem poterant.

Names

	Graeci -orum *(m pl)*	Greeks
	Aulis -idis *(f)*	Aulis
	Troia -ae *(f)*	Troy
	Diana -ae *(f)*	Diana *(goddess of hunting)*
4	Agamemnon -onis *(m)*	Agamemnon
	Calchas -antis *(m)*	Calchas
	Iphigenia -ae *(f)*	Iphigenia
	Menelaus -i *(m)*	Menelaus *(brother of Agamemnon)*
	Achilles -is *(m)*	Achilles
17	Tauri -orum *(m pl)*	Taurians *(people of modern Crimea)*

Vocabulary

mille	thousand
ventus -i *(m)*	wind
inhibeo -ere	I restrain

	cervus -i *(m)*	deer
4	sacer -cra -crum	sacred
	vates -is *(m)*	prophet
	poena -ae *(f)*	penalty
	posco -ere	I demand
	sacrifico -are -avi -atus	I sacrifice
9	simulo -are	I pretend
	in matrimonium duco	I marry
	causa -ae *(f)*	cause, reason
	ara -ae *(f)*	altar
	oculus -i *(m)*	eye
14	averto -ere -i	I turn (something) away
	miseresco -ere	I take pity on *(+ gen)*
	nubes -is *(f)*	cloud
	densus -a -um	thick
	celo -are -avi	I hide
17	sacerdos -otis *(f)*	priestess
	accido -ere -i	I happen
	nescio -ire	I do not know

1 *Graeci ... caperent* (lines 1-2): what forces gathered at Aulis, and why? [4]

2 *Diana ... necaverat* (lines 2-5):
(a) what were the consequences of Diana restraining the winds? [2]
(b) why was the goddess angry? [3]

3 *tum ... poterunt* (lines 5-7): what did the prophet Calchas say to Agamemnon? [4]

4 *Agamemnon miserrimus ... velle* (lines 7-10):
(a) how did Agamemnon react? [1]
(b) what did Menelaus persuade him to do? [1]
(c) what lie did Agamemnon tell in the letter to his wife? [2]

5 *puella ... erat* (lines 10-12): describe how Iphigenia's mood changed. [3]

6 Translate lines 13-19 into good English. [20]

(Turn over)

(b) *In another story about events prior to the Trojan War, Ulysses tries to convince the recruiting officers that he is mad.*

Ulixes, vir summi ingenii qui rex Ithacae erat multa et fortia ante muros Troiae agebat. primo tamen ad bellum ire nolebat quod feminam pulcherrimam nuper in matrimonium duxerat. ubi socii ab Agamemnone missi Ithacam venerunt ut auxilium peterent, se
5   insanum esse simulabat. socii eum harenam arantem et salem serentem invenerunt. inter socios erat Palamedes, qui omnium artium peritus erat. Ulixem harenam arantem diu spectavit. subito Telemachum, parvum filium eius, rapuit et in harena ante aratrum posuit. Ulixes aratrum statim vertit ne filium necaret. sic et
10 Telemachum servavit et se sanum esse ostendit.

Names

	Ulixes -is *(m)*	Ulysses *(another name for Odysseus)*
	Ithaca -ae *(f)*	Ithaca *(island in north-west Greece)*
	Troia -ae *(f)*	Troy
	Agamemnon -onis *(m)*	Agamemnon
6	Palamedes -is *(m)*	Palamedes
	Telemachus -i *(m)*	Telemachus

Vocabulary

	ingenium -i *(n)*	ingenuity
	ante	before, in front of *(+ acc)*
	murus -i *(m)*	wall
	primo	at first
2	bellum -i *(n)*	war
	nuper	recently
	in matrimonium duco	I marry
	socius -i *(m)*	comrade
	insanus -a -um	mad
5	simulo -are	I pretend
	harena -ae *(f)*	sand
	aro -are	I plough
	sal salis *(m)*	salt
	sero -ere	I sow
7	peritus -a -um	skilled in *(+ gen)*
	rapio -ere -ui	I seize
	aratrum -i *(n)*	plough
	verto -ere -i	I turn

	et ... et	both ... and
10	sanus -a -um	sane

7   *Ulixes ... agebat* (lines 1-2): what do we learn about Ulysses
     here?   [3]

8   *primo ... duxerat* (lines 2-3): why was Ulysses at first unwilling to
     go to Troy?   [1]

9   *ubi ... invenerunt* (lines 3-6):
     (a) who came to Ithaca, and why?   [2]
     (b) what did they find the apparently mad Ulysses doing?   [2]

10   *inter ... necaret* (lines 6-9):
     (a) how is Palamedes described?   [1]
     (b) explain in detail how he unmasked the deception of Ulysses. [5]

11   *sic ... ostendit* (lines 9-10): which two statements are true?
             A   Telemachus saved Ulysses
             B   Telemachus was saved
             C   Ulysses showed that he was not mad
             D   Ulysses showed that Telemachus was sane   [2]

12   For each of the following Latin words, give (i) one English word
     derived from it and (ii) the meaning of the English word:
             feminam
             simulabat   [4]

[Total 60]

49 (a) *Androcles, forced to fight in the arena, finds a lion unusually tame; he explains to Caesar how this has come about.*

<u>Caesar</u> magnum <u>spectaculum</u> Romae in <u>Circo Maximo</u> dabat. inter
multas <u>feras</u> erat leo, qui ingenti <u>corpore</u> <u>diraque</u> voce animos
spectantium iam terruerat. inter homines <u>contra</u> <u>feras</u> pugnare iussos
erat servus, <u>Androcles</u> nomine. quem cum leo in <u>arena</u> conspexisset,
5 <u>velut</u> <u>attonitus</u> stetit; deinde <u>caudam</u> <u>movit</u>, lente appropinquavit.
servum perterritum <u>lingua</u> <u>mulcebat</u>. tandem servus, <u>timore</u> suo
superato, cum leonem <u>diligenter</u> conspexisset, eum <u>velut</u> amicum
laetissime salutavit. omnes qui spectabant <u>attoniti</u> erant. <u>Caesar</u>
<u>Androclem</u> ad se vocatum rogavit: 'cur te leo non <u>oppugnavit</u>? nam
10 leones homines <u>oppugnare</u> et <u>corpora</u> eorum consumere <u>solent</u>.'
deinde servus <u>fabulam</u> <u>miram</u> narravit.

<u>Androcles</u> 'olim' inquit 'cum dominus meus in <u>Africa</u> habitaret, ab
eo semper crudeliter puniebar. quod haec <u>diutius</u> ferre non poteram,
in <u>desertum</u> fugere constitui. in <u>antro</u> ibi manebam. subito leo, <u>altero</u>
15 pede <u>vulnerato</u>, <u>antrum</u> <u>claudicans</u> intravit. ego leone conspecto
perterritus eram. leo tamen me non <u>oppugnavit</u>. <u>pede</u> <u>sublato</u> ut
<u>vulnus</u> ostenderet, auxilium meum petere videbatur.'

Names

	Caesar -aris *(m)*	Caesar *(here the emperor Claudius)*
	Circus -i Maximus -i *(m)*	Circus Maximus *(venue for games in Rome)*
	Androcles -is *(m)*	Androcles
12	Africa -ae *(f)*	Africa

Vocabulary

	spectaculum -i *(n)*	show, games
	fera -ae *(f)*	wild beast
	corpus -oris *(n)*	body
	dirus -a -um	dreadful
3	contra	against *(+ acc)*
	arena -ae *(f)*	arena
	velut	like, as if
	attonitus -a -um	astonished
	cauda -ae *(f)*	tail
5	moveo -ere movi	I move, I wag
	lingua -ae *(f)*	tongue

	mulceo -ere	I lick
	timor -oris *(m)*	fear
	diligenter	carefully
9	oppugno -are -avi	I attack
	soleo -ere	I am accustomed
	fabula -ae *(f)*	story
	mirus -a -um	amazing
	diutius	any longer
14	desertum -i *(n)*	desert
	antrum -i *(n)*	cave
	alter -era -erum	*(here)* one (of two)
	pes pedis *(m)*	foot
	vulnero -are -avi -atus	I wound
15	claudico -are	I limp
	tollo -ere sustuli sublatus	I raise
	vulnus -eris *(n)*	wound

1   *Caesar ... dabat* (line 1): what was happening in Rome?   [1]

2   *inter ... nomine* (lines 1-4): what are we told here
(a) about the lion?   [3]
(b) about Androcles?   [3]

3   *quem ... mulcebat* (lines 4-6): describe in detail what the lion did
after catching sight of Androcles in the arena.   [4]

4   *tandem ... erant* (lines 6-8): explain how the spectators came to be
astonished.   [4]

5   *Caesar ... narravit* (lines 8-11):
(a) what did Caesar ask Androcles?   [1]
(b) why was Caesar surprised?   [3]
(c) what did Androcles then do by way of reply?   [1]

6   Translate lines 12-17 into good English.   [20]

(Turn over)

(b) *Androcles continues his story; he and the lion are freed.*

'ego, <u>timore</u> superato, <u>spinam</u> ingentem e <u>pede</u> leonis extraxi. cum
<u>vulnus</u> eius <u>curavissem</u>, leo dormivit. ego et leo in <u>antro</u> diu
habitabamus; leo <u>feris</u> necatis mihi cibum dabat. tandem homines
<u>iterum</u> videre volui. cum ex <u>antro</u> discessissem, a militibus Romanis
5   captus sum. ex <u>Africa</u> Romam ad dominum meum missus sum; qui
statim imperavit ut in <u>arenam</u> ductus <u>feris</u> traderer. hunc leonem iam
<u>iterum</u> inveni, qui magnam <u>gratiam</u> mihi habere videtur.' <u>Caesar</u>,
cum hanc <u>fabulam</u> audivisset, <u>Androclem</u> liberavit et leonem ei
dedit. <u>Androcles</u> et leo per vias urbis ambulabant. cives leonem
10   hominis <u>hospitem</u>, hominem leonis <u>medicum</u> salutaverunt.

Names

Africa -ae *(f)*	Africa
Caesar -aris *(m)*	Caesar
Androcles -is *(m)*	Androcles

Vocabulary

	timor -oris *(m)*	fear
	spina -ae *(f)*	thorn
	pes pedis *(m)*	foot
	vulnus -eris *(n)*	wound
2	curo -are -avi	I tend, I take care of
	antrum -i *(n)*	cave
	fera -ae *(f)*	wild beast
	iterum	again
	arena -ae *(f)*	arena
7	gratia -ae *(f)*	gratitude
	fabula -ae *(f)*	story
	hospes -itis *(m)*	guest
	medicus -i *(m)*	doctor

7   *ego ... dabat* (lines 1-3):
      (a) how did Androcles help the lion?   [1]
      (b) what happened immediately afterwards?   [1]
      (c) how did the lion support Androcles while they were living
      in the cave?   [2]

8   *tandem ... traderer* (lines 3-6): explain in detail the train of events
      which brought Androcles to the arena.   [5]

9   *hunc ... videtur* (lines 6-7): how did the lion react when Androcles
      found it again?   [2]

10   *Caesar ... dedit* (lines 7-9): what two things did Caesar do after
      hearing the story?   [2]

11   *Androcles ... salutaverunt* (lines 9-10): which three of the following
      statements are true?
              A   Androcles walked to the city by road
              B   Androcles walked through the city streets with the lion
              C   the lion had been Androcles' guest
              D   Androcles and the citizens greeted the lion
              E   Androcles had been the lion's doctor   [3]

12   For each of the following Latin words, give (i) one English word
      derived from it and (ii) the meaning of the English word:
          fabulam
          medicum   [4]

                                                          [Total 60]

50   (a) *The shepherd Gyges discovers a remarkable ring, but its*
magic properties do not improve his character.

Gyges, servus regis Lydiae, pastor erat. dum oves custodit, terrae
motus erat. caverna in terra facta est. Gyges, cum in cavernam
descendisset, magnum equum aeneum vidit. equus ianuam in latere
habebat; pastor per ianuam intravit. corpus hominis mortui ibi
5   invenit. in digito corporis erat anulus aureus. Gyges, postquam
anulum in digitum suum posuit, e caverna exiit ut cum amicis
conveniret. dum appropinquat, ceteros pastores de se colloquium
habentes audivit. illi tamen eum non viderunt. 'cur de me
colloquium habetis?' Gyges rogavit. cui amici responderunt: 'vocem
10   tuam audimus; neminem tamen videre possumus.' itaque pastor rem
intellexit: anulus magicus eum invisibilem fecit.

Gyges igitur quodcumque volebat nunc facere poterat. villam civis
divitis clam intravit; multam pecuniam cepit. nemo eum vidit, nemo
obstruxit. alias villas intravit; plus pecuniae cepit. cives saepe
15   quaerebant qui haec fecisset, sed cognoscere non poterant. Gyges
tandem divitissimus erat. regiam intravit, reginam violavit, regem
dominum necavit. sic anuli auxilio rex Lydiae factus est.

Names

Gyges -is *(m)*	Gyges
Lydia -ae *(f)*	Lydia *(region of modern Turkey)*

Vocabulary

	pastor -oris *(m)*	shepherd
	dum	while *(translate present as imperfect)*
	oves -ium *(f pl)*	sheep
	terrae motus -us *(m)*	earthquake
2	caverna -ae *(f)*	cave
	aeneus -a -um	(made of) bronze
	latus -eris *(n)*	side
	corpus -oris *(n)*	body
	mortuus -a -um	dead
5	digitus -i *(m)*	finger
	anulus -i *(m)*	ring
	aureus -a -um	(made of) gold
	colloquium -i *(n)*	conversation
	res rei *(f)*	thing, matter

11	magicus -a -um	magic
	invisibilis -e	invisible
	quodcumque	whatever
	dives -itis	rich
	clam	secretly
14	obstruo -ere -xi	I prevent
	regia -ae *(f)*	palace
	regina -ae *(f)*	queen
	violo -are -avi	I rape

1 *Gyges ... erat* (line 1): Gyges was a shepherd. What else do we learn about him here? [1]

2 *dum ... aureus* (lines 1-5):
(a) what happened while Gyges was looking after his sheep? [1]
(b) describe in detail what happened when Gyges went down into the cave which had opened up in the ground. [5]

3 *Gyges ... conveniret* (lines 5-7): after putting the ring on his finger, what did Gyges do, and why? [3]

4 *dum ... rogavit* (lines 7-9):
(a) what did Gyges hear as he approached? [3]
(b) why did his friends not stop or feel embarrassed? [1]
(c) what did Gyges ask them? [1]

5 *cui ... fecit* (lines 9-11): explain in detail how Gyges came to realise that the ring had magic properties. [5]

6 Translate lines 12 -17 into good English. [20]

(Turn over)

(b) *In another story about wealth, the country mouse prefers peace and quiet to the luxurious lifestyle of the city mouse.*

rusticus mus et urbanus mus erant amici. rusticus urbanum ad cenam in cavo invitavit. cibum rusticum ei dedit. urbanus 'quomodo' inquit 'hunc cibum consumere potes? nonne vis in urbem venire? ibi homines optimos videre, cibum optimum consumere poteris.' cum
5   mures ad urbem advenissent, urbanus mus amicum in villam civis divitis duxit. cibum optimum ei ostendit. dum mures laetissime cenam consumunt, vocem hominis subito audiverunt; magni canes latrantes intraverunt. mures in cavum urbani fugerunt. rusticus amico dixit: 'cibus tuus bonus est, sed pax animi melior. vale!'

Vocabulary

	rusticus -a -um	(from the) country
	mus muris *(m)*	mouse
	urbanus -a -um	(from the) city
	cavus -i *(m)*	mouse-hole
6	dives -itis	rich
	dum	while *(translate present as imperfect)*
	latro -are	I bark

7   *rusticus ... dedit* (lines 1-2): what do we learn here about the country
mouse and the city mouse?   [4]

8   *urbanus ... poteris* (lines 2-4):
(a) what questions did the city mouse ask?   [2]
(b) what attractions of city life did he describe?   [2]

9   *cum ... ostendit* (lines 4-6): which three statements are true?
    A   the two mice reached the city
    B   the city mouse said he was the friend of a rich citizen
    C   the country mouse was taken to a rich citizen's house
    D   the food showed the city mouse to be an excellent friend
    E   the city mouse showed his friend excellent food   [3]

10   *dum ... fugerunt* (lines 6-8): describe what happened while the two
mice were enjoying their dinner.   [4]

11   *rusticus ... vale!* (lines 8-9): what did the country mouse say was
preferable to good food?   [1]

12   For each of the following Latin words, give (i) one English word
derived from it and (ii) the meaning of the English word:
    optimum
    vocem   [4]

[Total 60]

Section 3

51 *Alexander the Great finds a bold solution to an old problem.*

Alexander exercitum suum per Phrygiam ducebat. olim rex Midas
hanc terram rexerat. in media Phrygia Alexander ad urbem Gordium
advenit. urbe in imperium suum accepta, in templum Iovis ingressus
est. stabat ibi vehiculum, in quo pater Midae vectus esse dicebatur.
5 omnes hoc vehiculum mirati sunt, quod iugum eius tot ac tam
difficilibus nodis astrictum erat ut nemo sciret quomodo solvi
posset. erat inter cives hoc vetus oraculum: 'vir felix qui nodos
inexplicabiles solvere poterit dominus totius Asiae erit.' his verbis
auditis Alexander statim vehiculo appropinquavit. magna turba et
10 civium et militum circum regem stabat; magnus erat clamor.
nonnulli comites eius timebant ne rex oraculum implere non posset.
paulisper Alexander frustra manibus nodos solvere conabatur.
deinde tamen gladium suum subito cepit et nodos secuit. 'ecce'
inquit 'nodi soluti sunt!'

Names

	Alexander -dri *(m)*	Alexander
	Phrygia -ae *(f)*	Phrygia *(region of modern Turkey)*
	Midas -ae *(m)*	Midas
	Gordium -i *(n)*	Gordium
3	Iuppiter Iovis *(m)*	Jupiter
	Asia -ae *(f)*	Asia

Vocabulary

	vehiculum -i *(n)*	wagon
	vehor -i vectus sum	I ride
	iugum -i *(n)*	yoke
	nodus -i *(m)*	knot
6	astringo -ere astrinxi astrictus	I tie up
	solvo -ere -i solutus	I untie, I release
	vetus -eris	ancient
	oraculum -i *(n)*	oracle
	inexplicabilis -e	unsolvable
11	impleo -ere -evi	I fulfil
	paulisper	for a short time
	seco -are -ui	I cut

52 *Alexander journeys into the Sahara desert, where he is told by an oracle of his divinity and his future success.*

dum in <u>Aegypto</u> manet, <u>Alexander</u> <u>oraculum</u> <u>Iovis</u> in media
<u>solitudine</u> <u>visitare</u> constituit. hoc <u>oraculum</u> in <u>nemore</u> sacro
invenitur. cum <u>responsum</u> petitur, <u>sacerdotes</u> dona portantes deo
precantur; feminae puellaeque <u>carmina</u> <u>cantantes</u> sequuntur; deinde
5   vox dei auditur. itinere difficillimo confecto, <u>Alexander</u> tandem ad
<u>oraculum</u> pervenit. <u>sacerdos</u> <u>natu maximus</u>, regem appropinquantem
salutans, 'salve, fili!' dixit. rex credidit hoc <u>significare</u> se a deis
<u>ortum esse</u>. tum rex rogavit num <u>Iuppiter</u> imperium totius <u>orbis</u>
<u>terrarum</u> sibi dare in animo haberet. <u>sacerdos</u> dixit <u>Alexandrum</u> mox
10 principem omnium terrarum futurum esse. rex tandem quaesivit num
omnes <u>interfectores</u> patris sui iam poenas dedissent. nam pater,
<u>Philippus</u> nomine, in <u>Macedonia</u> necatus erat in <u>theatro</u>. sacerdos
respondit primo omnes <u>interfectores</u> iam occisos esse, deinde patrem
verum eius <u>Iovem</u> esse. rex, hoc nuntio gaudens, ex <u>oraculo</u> egressus
15 est et suis imperavit ut haec <u>responsa</u> omnibus nuntiarent.

Names

	Aegyptus -i *(f)*	Egypt
	Alexander -dri *(m)*	Alexander
	Iuppiter Iovis *(m)*	Jupiter
	Philippus -i *(m)*	Philip
12	Macedonia -ae *(f)*	Macedon *(territory north of Greece)*

Vocabulary

	oraculum -i *(n)*	oracle
	solitudo -inis *(f)*	desert
	visito -are	I visit
	nemus -oris *(n)*	grove
3	responsum -i *(n)*	answer
	sacerdos -otis *(m)*	priest
	carmen -inis *(n)*	song
	canto -are	I sing
	natu maximus -a -um	eldest
7	significo -are	I mean, I signify
	orior oriri ortus sum	I am descended, I am born
	orbis -is *(m)* terrarum	the world
	interfector -oris *(m)*	killer
	theatrum -i *(n)*	theatre

53 *Alexander at Persepolis: Part 1. After capturing the Persian royal palace, Alexander makes a rash decision about its fate.*

postridie <u>Alexander</u> ducibus exercitus <u>convocatis</u> dixit nullam urbem <u>Graecis</u> <u>infestiorem</u> quam <u>Persepolem</u> fuisse; <u>hinc</u> <u>Darium</u> et <u>Xerxem</u> bellum dirum in <u>Europam</u> intulisse. quorum dixit se <u>ultorem</u> scelerum nunc esse. <u>Alexander</u>, cum hostes victi iam fugissent, sine
5 proelio suos in urbem duxit. rex statim <u>regiam</u> miratus est. erat ibi multum <u>auri</u>, multum <u>argenti</u>. hic erat omnis pecunia regum hostium. primo milites inter se pugnabant ut eam raperent. per <u>regiam</u> currebant omnia quae invenire poterant auferentes. rex tandem suis imperavit ut <u>violentia</u> <u>desisterent</u> et omnia capta sibi traderent.
10 itinere brevi in <u>solitudinem</u> facto, <u>Alexander</u> <u>Persepolem</u> rediit. magna cena regi et imperatoribus et feminis parata est. mox omnes <u>ebrii</u> erant et <u>sermonem</u> de <u>regia</u> capta habebant. femina quaedam <u>Thais</u> nomine <u>Alexandrum</u> <u>regiam</u> incendere iussit ut hostes punirentur; regi <u>ebrio</u> facile persuasit.

Names

	Alexander -dri *(m)*	Alexander
	Graeci -orum *(m pl)*	Greeks
	Persepolis -is *(f)*	Persepolis *(city in Persia)*
	Darius -i *(m)*	Darius *(Persian king 522-486 BC)*
3	Xerxes -is *(m)*	Xerxes *(Persian king 486-465 BC)*
	Europa -ae *(f)*	Europe
	Thais -idis *(f)*	Thais *(woman in Alexander's retinue)*

Vocabulary

	convoco -are -avi -atus	I call together
	infestus -a -um	hostile
	hinc	from here
	ultor -oris *(m)*	avenger
5	regia -ae *(f)*	palace
	aurum -i *(n)*	gold
	argentum -i *(n)*	silver
	violentia -ae *(f)*	violence
	desisto -ere	I desist from *(+ abl)*
10	solitudo -inis *(f)*	desert
	ebrius -a -um	drunk
	sermo -onis *(m)*	conversation

54   *Alexander at Persepolis: Part 2. Alexander leads the torching of the palace, but the historian Curtius mourns its loss.*

vino <u>nimio</u> bibito <u>Alexander</u> <u>Persepolem</u>, <u>regiam</u> pulchram et <u>antiquam, igne</u> delere constituit. post cenam, in qua <u>Thais</u> femina <u>incesta</u> consilium <u>proposuerat</u>, rex magis <u>aviditer</u> quam sapienter primus <u>ignem</u> in <u>regiam</u> iniecit. imperatoribus et <u>convivis</u> imperavit
5   ut statim idem facerent. <u>ignis</u> celerrime totam <u>regiam</u> consumere coepit. milites, quod credebant <u>incendium accidens</u> esse, ad <u>regiam</u> cucurrerunt ad auxilium ferendum. deinde tamen viderunt regem ipsum <u>materiem</u> in <u>incendium</u> inicere. aquam igitur quam portabant <u>deposuerunt</u> ut ipsi <u>materiem aridam</u> in <u>incendium</u> inicerent. itaque
10   <u>regia</u> regum <u>Persarum</u> deleta est, unde antea tot gentes rectae erant et tot exercitus ad <u>orbem terrarum</u> vincendum missi erant. urbs numquam <u>resurrexit</u>. hoc erat maximum scelus vitae <u>Alexandri</u>. rex multas virtutes habebat: audax, ferox, fidelis erat. hac nocte autem in <u>nequitiam</u> diram ductus est.

Names

Alexander -dri *(m)*	Alexander
Persepolis -is *(f)*	Persepolis
Thais -idis *(f)*	Thais
Persae -arum *(m pl)*	Persians

Vocabulary

	nimius -a -um	too much
	regia -ae *(f)*	palace
	antiquus -a -um	ancient
	ignis -is *(m)*	fire
3	incestus -a -um	sinful
	propono -ere proposui	I propose
	aviditer	rashly
	conviva -ae *(m)*	dinner-companion
	incendium -i *(n)*	blaze
6	accidens -entis	accidental
	materies -ei *(f)*	fuel
	depono -ere deposui	I put down
	aridus -a -um	dry
	orbis -is *(m)* terrarum	the world
12	resurgo -ere resurrexi	I rise again
	nequitia -ae *(f)*	wickedness

55 *A drunken quarrel leads Alexander to kill his trusted friend and general Cleitus, who had also served his father Philip.*

cum <u>Maracandae</u> esset, <u>Alexander</u> imperatores suos iussit ad se convenire. volebat enim terras quas <u>nuper</u> vicerat imperatoribus <u>assignare</u>. post cenam multum vinum bibebatur. rex, in modo regum <u>Asiae</u>, omnibus imperavit ut se <u>adularentur</u>. imperator quidam
5 tamen, <u>Cleitus</u> nomine, iratus erat quod credebat regem <u>luxuria</u> <u>orientis</u> <u>corruptum esse</u>. tum <u>Alexander</u> coepit <u>gloriari</u>: dixit se res multo maiores quam <u>Philippum</u> patrem suum fecisse. nuntiavit tandem <u>Cleitum</u> partem exercitus in <u>extremas</u> <u>regiones</u> <u>Asiae</u> ducturum esse. <u>Cleitus</u>, iam et iratissimus et <u>ebrius</u>, <u>Alexandro</u>
10 clamavit: 'omnia bella a te gesta ab exercitu quem <u>Philippus</u> paravit gesta sunt.' rex, ira incensus, <u>pugionem</u> suum rogavit. milites, quod timebant ne rex stulte ageret, <u>pugionem</u> celaverunt. cum tamen <u>Cleitus</u> etiam plures <u>contumelias</u> in regem iaceret, <u>Alexander</u> <u>iaculo</u> subito rapto eum <u>transfixit</u>. omnes perterriti fugerunt.

Names

Maracanda -ae *(loc -ae) (f)*	Maracanda *(modern Samarkand, Uzbekistan)*
Alexander -dri *(m)*	Alexander
Asia -ae *(f)*	Asia
5 Cleitus -i *(m)*	Cleitus
Philippus -i *(m)*	Philip

Vocabulary

nuper	recently
assigno -are	I assign
adulor -ari	I pay homage to *(+ acc)*
luxuria -ae *(f)*	luxury
6 oriens -entis *(m)*	the East
corrumpo -ere -rupi corruptus	I corrupt, I beguile
glorior -ari	I boast, brag
extremus -a -um	farthest
regio -onis *(f)*	region
9 ebrius -a -um	drunk
pugio -onis *(m)*	dagger
contumelia -ae *(f)*	insult
iaculum -i *(n)*	javelin
transfigo -ere transfixi	I spear (somebody)

56 *Alexander on his deathbed leaves ambiguous final instructions for the fate of his empire.*

Alexander ab India Babylonem regressus in morbum gravem cecidit. nemo quid causa morbi, nemo quid remedium esset sciebat. vires a corpore eius lente discedebant. comites fidelissimi meliora sperantes sed peiora timentes circum lectum eius convenerunt. deinde omnes
5 milites regem praeterierunt. Alexander eos spectans comitibus dixit: 'invenietisne, me mortuo, regem dignum talibus viris?' fortiter duravit dum ab omnibus militibus salutaretur; deinde autem corpus concidere coepit. amicis appropinquare iussis (nam et vox nunc debilis erat), anulum suum Perdiccae tradidit atque eis imperavit ut
10 corpus suum ad Hammonem ferrent (ubi antea fata sua cognoverat). cum quaesivissent cui regnum relinqueret, 'ei qui optimus est' respondit. haec verba ultima regis erant et brevi tempore periit. imperium eius mox in bellum civile mersum est.

Names

	Alexander -dri *(m)*	Alexander
	India -ae *(f)*	India
	Babylon -onis *(f)*	Babylon
	Perdiccas -ae *(m)*	Perdiccas *(friend of Alexander)*
10	Hammo -onis *(m)*	Ammon *(oracle in Egpyt)*

Vocabulary

	morbus -i *(m)*	illness
	causa -ae *(f)*	reason
	remedium -i *(n)*	cure
	vires -ium *(f pl)*	strength
4	lectus -i *(m)*	bed
	pratereo -ire -ii	I file past
	dignus -a -um	worthy of *(+abl)*
	duro -are -avi	I hold out
	concido -ere	I give out, I fail
9	debilis -e	weak
	anulus -i *(m)*	signet ring
	fata -orum *(n pl)*	destiny
	ultimus -a -um	final
	civilis -e	civil
13	mergo -ere -si mersus	I plunge (something) into

57   *The Carthaginian Hannibal decides to launch a campaign against*
       Rome: thus begins the Second Punic War.

Romani eo tempore totam Italiam et partem Siciliae tenebant. hostes
eorum in Sicilia Hispaniaque Carthaginienses erant. fuerat iam unum
bellum inter eos, quod multos annos pugnatum erat. post paucos
pacis annos tamen novus dux Carthaginiensis, Hannibal nomine,
5   Romanos iterum oppugnare constituit. maximas copias congregavit
– CL milium ut dicitur. Romanis eum per legatos ne pugnaret
monentibus nihil respondit. Romani nuntium alium miserunt ut eum
rogarent ne bellum contra se gereret. Hannibal respondit populum
suum Romanos non timere; se mori quam patriam suam a Romanis
10   oppressam videre malle. omnes igitur magnum bellum exspectabant.
mox Hannibal profectus est, non tamen per viam solitam ac
exspectatam (id est trans mare et per Siciliam) sed modo inusitato.
cum pars exercitus Romani in Hispaniam, pars ad Siciliam missa
esset, Hannibal subito multis cum milibus peditum equitumque –
15   non sine septem et XXX elephantis – trans Alpes quam celerrime
festinavit et in Italiam ingressus est.

Names

	Italia -ae *(f)*	Italy
	Sicilia -ae *(f)*	Sicily
	Hispania -ae *(f)*	Spain
	Carthaginiensis -e	Carthaginian
4	Hannibal -is *(m)*	Hannibal
	Alpes -ium *(f pl)*	the Alps

Vocabulary

	congrego -are -avi	I gather together
	CL	150
	mille *pl* milia -ium	thousand
	legatus -i *(m)*	envoy
8	populus -i *(m)*	people
	exspectatus -a -um	expected
	inusitatus -a -um	unusual
	pedites -um *(m pl)*	infantry
	equites -um *(m pl)*	cavalry
15	septem et XXX	thirty-seven
	elephantus -i *(m)*	elephant

58   *The historian Eutropius describes Hannibal's brilliant early success in Italy.*

Italia oppugnata, senatores statim constituerunt magnum exercitum mittere ut Hannibali resisteret. copiae tamen hostium hunc exercitum fugaverunt. exercitus alius a Romanis missus est; is quoque victus est. multi Italorum se Hannibali dediderunt. deinde in Tusciam
5 veniens Hannibal exercitui a Flaminio consule adducto occurrit. Flaminius et XXV milia caesi sunt; ceteri Romani fugerunt.

nunc omnibus clarum erat Hannibalem ducem callidum et audacem esse. Romani autem maximum exercitum alium miserunt ad eum oppugnandum. in vico quodam, Cannis nomine, proelium ingens
10 pugnatum est, in quo tria milia Afrorum perierunt. Romani tamen nullo proelio huius belli gravius passi sunt; perierunt enim in eo unus consul, XL milia peditum, tria milia equitum. hac clade Romae cognita, cives desperare coeperunt.

Names

	Italia -ae *(f)*	Italy
	Hannibal -alis *(m)*	Hannibal
	Itali -orum *(m pl)*	Italians
	Tuscia -ae *(f)*	Etruria *(region of central Italy)*
6	Flaminius -i *(m)*	Flaminius
	Cannae -arum *(f pl)*	Cannae *(village in southern Italy)*
	Afri -orum *(m pl)*	Africans

Vocabulary

	fugo -are -avi	I rout, I put to flight
	dedo -ere -idi	I surrender
	occurro -ere -i	I meet with *(+ dat)*
	XXV	twenty-five
6	mille *pl* milia -ium	thousand
	caedo -ere cecidi caesus	I slaughter
	callidus -a -um	clever
	vicus -i *(m)*	village
	XL	forty
12	pedites -um *(m pl)*	infantry
	equites -um *(m pl)*	cavalry
	clades -is *(f)*	disaster
	despero -are	I lose hope

59 *Hannibal is eventually forced to return to Africa, where he is defeated by the Roman general Scipio.*

Hannibal in Italia quindecim annos manebat. Romani nesciebant quomodo in magno proelio vinci posset. constituerunt igitur parvis exercitibus eum oppugnare ut lente attererent. Hannibal multas urbes superavit et plurimos agros incendit, sed Romam ipsam capere non
5 poterat quod machinas non habebat. interea bellum in tribus aliis locis simul gerebatur: in Hispania, in Sardinia, in Graecia. Romani et Punicos et socios eorum his locis lente vincebant. deinde Romae iuvenis nomine Scipio imperator factus est, cuius pater et avus imperatores clari fuerant; vir primus saeculi sui Romae erat. bellum
10 in patria Punicorum gerere audacter constituit. ad Africam maximo cum exercitu navigavit et Punicos in nonnullis proeliis vicit. hoc audito, Hannibal mox domum festinavit; ita Italia liberata est. proelium ferox prope Zamam pugnatum est, in quo Hannibal tandem victus est. Scipio, Romam summa cum gloria regressus, propter hanc
15 victoriam 'Africanus' a civibus appellatus est.

Names

	Hannibal -alis *(m)*	Hannibal
	Italia -ae *(f)*	Italy
	Hispania -ae *(f)*	Spain
	Sardinia -ae *(f)*	Sardinia
6	Graecia -ae *(f)*	Greece
	Punici -orum *(m pl)*	Carthaginians
	Scipio -onis *(m)*	Scipio
	Africa -ae *(f)*	Africa
	Zama -ae *(f)*	Zama *(town in northern Africa)*
15	Africanus -a -um	of Africa

Vocabulary

	quindecim	fifteen
	attero -ere	I wear down
	machina -ae *(f)*	siege-engine
	socius -i *(m)*	ally
8	avus -i *(m)*	grandfather
	saeculum -i *(n)*	generation, era
	appello -are -avi -atus	I name

60 *Eutropius describes the dark days under the emperor Domitian.*

Domitianus post mortem Titi fratris imperium accepit. primo
moderatus erat, sed celeriter ostendit se similiorem Caligulae et
Neroni esse quam patri et fratri, qui boni fuerant. ad ingentia vitia
progressus est: crudelis, libidinosus, scelestus, avarus erat. inter
5   cives tantum odium in se incitavit ut omnem memoriam operum
bonorum gentis suae deleret. senatores optimos interfecit. cives
iussit se ut dominum deumque laudare. nullam statuam nisi sui in
Capitolio poni passus est. consobrinos necavit. exercitum pessime
duxit: quamquam in aliis proeliis vicit, in aliis plurimi milites et
10 duces optimi occisi sunt. tandem, ubique invisus, a suis interfectus
est. tota urbs gavisa est.

tyranno mortuo Nerva senex bonus benignusque imperium accipere
invitatus est. imperium bene tenebat sed breviter: periit enim duobus
annis. patria tamen servata erat.

Names

	Domitianus -i *(m)*	Domitian *(emperor AD 81-96)*
	Titus -i *(m)*	Titus *(emperor AD 79-81)*
	Caligula -ae *(m)*	Caligula *(infamously mad emperor)*
	Nero -onis *(m)*	Nero *(infamously cruel emperor)*
8	Capitolium -i *(n)*	the Capitol *(citadel of Rome)*
	Nerva -ae *(m)*	Nerva *(emperor AD 96-8)*

Vocabulary

	moderatus -a -um	restrained
	similis -e	similar to *(+ dat)*
	vitium -i *(n)*	fault
	libidinosus -a -um	lustful
4	avarus -a -um	greedy
	odium -i *(n)*	hatred
	incito -are -avi	I stir up
	memoria -ae *(f)*	recollection
	opus -eris *(n)*	deed
7	statua -ae *(f)*	statue
	consobrinus -i *(m)*	cousin
	ubique	everywhere
	invisus -a -um	unpopular, disliked
	tyrannus -i *(m)*	tyrant

61   *Eutropius paints a glowing picture of the emperor Trajan.*

post Nervae mortem, Traianus, in Hispania natus, imperator factus
est. hic rem publicam sapienter fortiterque custodivit. gentes trans
Rhenum et trans Danubium oppressit et Daciam imperio Romano
addidit; Romae in novo foro aedificato columnam altam posuit ut
5   hanc victoriam celebraret. in oriente quoque tres novas terras
imperio addidit. sed Traianus semper humilis manebat. et Romae et
per imperium ostendit se omnibus aequalem esse. saepe amicos
veteres visitabat, saepe cenas simplices consumebat. nihil crudele,
nihil malum egit. inter alia a Traiano dicta, hoc clarissimum fuit:
10   olim amicis rogantibus cur tam communis omnibus esset, respondit
se talem esse qualem ipse civis imperatorem esse voluisset. adeo a
civibus senatoribusque amatus est ut mortuus et deus faceretur et,
solus omnium imperatorum, intra urbem sepeliretur.

Names

	Nerva -ae *(m)*	Nerva *(emperor AD 96-8)*
	Traianus -i *(m)*	Trajan *(emperor AD 98-117)*
	Hispania -ae *(f)*	Spain
	Rhenus -i *(m)*	the Rhine
3	Danubius -i *(m)*	the Danube
	Dacia -ae *(f)*	Dacia *(modern Romania)*

Vocabulary

	nascor nasci natus sum	I am born
	res publica rei publicae *(f)*	the state
	addo -ere -idi	I add
	columna -ae *(f)*	column
5	celebro -are	I celebrate
	oriens -entis *(m)*	the East
	humilis -e	humble
	aequalis -e	equal to *(+ dat)*
	vetus -eris	old
8	visito -are	I visit
	simplex -icis	simple
	communis -e	affable
	talis ... qualis	the sort of person ... who
	intra	inside *(+ acc)*
13	sepelio -ire	I bury

62 *Eutropius presents a mixed review of Hadrian's reign.*

Traiano mortuo, Hadrianus princeps creatus est. hic sicut Traianus in
Hispania natus erat. Hadrianus, quod (ut mihi videtur) Traiano
invidit, statim illas tres provincias quas Traianus ceperat relinqui
iussit, exercitus revocavit et fines imperii destituit. etiam Daciam,
5   quam Traianus bello longo vicerat, relinquere volebat sed amici ei
persuaserunt ne id faceret; nam Dacia victa plurimi cives e toto
imperio Romano eo translati erant ad agros colendos et ad urbes
condendas. imperium autem Hadriano principe pacem habebat. per
omnes provincias itinera fecit; magnum murum in Britannia
10   aedificari iussit ut provincia contra Pictos defenderetur; lingua
Graeca doctissimus erat (etiam barbam modo Graeco habebat);
Romae templum ingens pulcherrimumque ad omnes deos
honorandos aedificavit; tandem diligenter laborabat ut aerarium
servaret. propter haec post mortem deus factus est.

Names

	Traianus -i *(m)*	Trajan *(emperor AD 98-117)*
	Hadrianus -i *(m)*	Hadrian *(emperor AD 117-38)*
	Hispania -ae *(f)*	Spain
	Dacia -ae *(f)*	Dacia *(modern Romania)*
9	Britannia -ae *(f)*	Britain
	Picti -orum *(m pl)*	Picts *(tribe in modern Scotland)*
	Graecus -a -um	Greek

Vocabulary

	creo -are -evi creatus	I make
	sicut	just like
	nascor nasci natus sum	I am born
	invideo -ere -i	I envy *(+ dat)*
3	provincia -ae *(f)*	province
	finis -is *(m)*	border
	destituo -ere -i	I fix, I set
	eo	to that place, (to) there
	colo -ere	I cultivate
8	condo -ere	I found
	lingua -ae *(f)*	language
	doctus -a -um	well-read in *(+ abl)*
	barba -ae *(f)*	beard
	honoro -are	I honour
13	aerarium -i *(n)*	treasury

63   *Seneca wistfully recalls the golden age at the dawn of human society.*

erant olim tempora felicia, cum inter homines <u>avaritia</u> et <u>luxuria</u> non
essent. quid felicius illo <u>genere</u> hominum esse potest? omnes viri
comites nec hostes erant. omnia inter omnes <u>communicata sunt</u>. non
erant <u>fines</u> inter agros. <u>natura</u> <u>generosa</u> erat: terra ipsa sine labore
5   <u>fertilior</u> erat quam nunc laborata est. <u>alter</u> <u>altero</u> cibum dabat; <u>alter</u>
<u>altero</u> credebat; validus <u>aegrum</u> benigne <u>adiuvabat</u>. fuerunt nulla
bella. gens cum gente in pace laete vivebat. viri armis non <u>utebantur</u>,
nisi ad <u>feras</u> quae in agros irruperant necandas. nemo manu inimici
periit, nemo scelere interfectus est. nocte <u>sidera</u> in caelo clara erant
10   et terra <u>tranquilla</u> erat, nam homines non in urbibus sed <u>ruri</u>
vivebant. domus inter silvas et flumina et montes habebant. tum
tamen <u>avaritia</u> in terram ingressa hoc regnum felix delere coepit.

Vocabulary

	avaritia -ae *(f)*	greed
	luxuria -ae *(f)*	indulgence
	genus -eris *(n)*	generation
	communico -are -avi -atus	I share
4	finis -is *(m)*	border, hedge
	natura -ae *(f)*	nature
	generosus -a -um	generous
	fertilis -e	fertile
	alter ... alter	one ... the other
6	aeger -gra -grum	sick, ill
	adiuvo -are	I help
	utor -i	I use *(+ abl)*
	fera -ae *(f)*	wild beast
	sidus -eris *(n)*	star
10	tranquillus -a -um	peaceful
	ruri	in the countryside

64   *Seneca reassures his friend Lucilius that death is not to be feared.*

multi mortem timent. sed malum <u>extremum</u> vitae non magnum est.
mors ad te venit, sed <u>tecum</u> non diu manet. celerrime enim discedit.
nemo vitam <u>tranquillam</u> ducere potest qui semper eam <u>producere</u>
conatur. melius est vitam bonam quam longam habere. hoc semper
5   cogita, <u>Lucili</u>, et te para animo <u>aequo</u> vitam relinquere.

totam vitam tuam sine <u>sollicitudine</u> ducere debes, quod <u>Fortuna</u>
optimos <u>potentissimos</u>que crudeliter <u>affligere</u> potest. etiam reges
principesque mori debent. quos <u>Fortuna</u> sustulit etiam oppressit.
itaque, ut mari <u>aequo</u> non credis, ita noli <u>Fortunae</u> credere. saepe
10   naves validas mari <u>fractas</u> vidi. saepe quoque dominos a servis suis
imperatoresque a militibus suis necatos esse audivi. mors igitur
<u>ubique</u> est. quod haec ita sunt, mortem effugere non potes. melius est
eam accipere et, dum vivis, te vivere gaudere.

Names

Lucilius -i *(m)*	Lucilius
Fortuna -ae *(f)*	Fortune

Vocabulary

	extremus -a -um	final
	tecum	= cum te
	tranquillus -a -um	peaceful
	produco -ere	I extend
5	aequus -a -um	calm
	sollicitudo -inis *(f)*	worry
	potens -entis	powerful
	affligo -ere	I affect
	frango -ere fregi fractus	I break, I wreck
12	ubique	everywhere

65 *Seneca warns against neglecting the mind by over-exercising the body.*

si <u>valere</u> vis, <u>philosophari</u> debes. nam sine hoc animus <u>aeger</u> est et corpus, etiam si magnas <u>vires</u> habet, non <u>utile</u> est. primo animum, deinde corpus semper serva. stultum est viro sapienti tempus <u>exercitationibus</u> corporis consumere. quamquam enim <u>exercitationes</u>
5   corpus validum faciunt, animum opprimunt, et magnam partem omnis diei consumunt.

sunt tamen paucae <u>exercitationes</u> quaedam et faciles et breves quae corpus celeriter <u>lassant</u>: <u>cursus</u>, <u>pondera</u>, <u>saltus</u>. unam lege et <u>cotidie</u> fac. sed mox curam tuam a corpore ad animum redde. eum nocte ac
10 die <u>exerce</u>. animus labore <u>modico</u> corporis servatur. corpus annis conficitur, sed animus manet. te non semper legere, non semper scribere iubeo; sed <u>vita</u> ea quae animum <u>impediunt</u>. animus enim corporis dominus, corpus animi servus est: sapiens numquam animum delevit ut propter corpus laudaretur!

Vocabulary

	valeo -ere	I am healthy
	philosophor -ari	I study philosophy
	aeger -gra -grum	sick, ill
	vires -ium *(f pl)*	strength
2	utilis -e	useful
	exercitatio -onis *(f)*	exercise
	lasso -are	I tire out
	cursus -us *(m)*	running
	pondera -um *(n pl)*	*(here)* weight-lifting
8	saltus -us *(m)*	jumping
	cotidie	everyday
	exerceo -ere	I exercise (something)
	modicus -a -um	moderate
	vito -are	I avoid
12	impedio -ire	I hinder

66 *Seneca expresses to his friend Lucilius his disgust at the conditions which domestic slaves usually have to endure.*

libenter ex eis qui a te veniunt cognovi te cum servis tuis <u>familiariter</u> vivere. nam servi, quamquam servi sunt, homines quoque, amici, etiam <u>conservi</u> nostri sunt. nam <u>Fortuna</u> et nos et illos regit.

plurimi domini turba servorum adstante <u>cenant</u>. dum illi <u>aviditate</u>
5 ingenti consumunt et magna voce rident clamantque, hi totam noctem tacentes stant. si ulla vox e servis auditur, poenas statim dant. in <u>conviviis</u> multa <u>officia</u> faciunt: unus <u>vomitum</u> consumentium <u>removet</u>, alius <u>carnem</u> parat, alius in feminae <u>habitu</u> vinum portare cogitur. interea ancillae in <u>cubiculum</u> domini
10 vocantur. propter haec et multa alia servi celerrime dominos suos <u>odisse</u> <u>incipiunt</u>.

domini non intellegunt <u>Fortunam</u> solam <u>sortes</u> omnium virorum constituere. <u>Fortuna</u> facillime dominos servos, servos dominos facere potest. itaque rege benigne domum tuam. ama servos tuos ut
15 pater filios. illi bene te servabunt et mox etiam illos amicos vocabis.

Name

Fortuna -ae *(f)*   Fortune

Vocabulary

	familiariter	on good terms
	conservus -i *(m)*	fellow-slave
	ceno -are	I dine
	aviditas -atis *(f)*	greed
7	convivium -i *(n)*	feast
	officium -i *(n)*	job, duty
	vomitus -us *(m)*	vomit
	removeo -ere	I remove (something)
	caro -nis *(f)*	meat
8	habitus -us *(m)*	dress, clothing
	cubiculum -i *(n)*	bedroom
	odi -isse	I hate
	incipio -ere	I begin
	sors sortis *(f)*	destiny

67   *Seneca reflects on the dramatic news of a destructive fire in Gaul.*

nihil in hac vita <u>constans</u> est. montes in mare auferuntur, urbes
<u>crescunt</u> et deinde cadunt, omnes <u>memoriae</u> in <u>oblivionem</u>
procedunt. saepe hoc lente per multa <u>saecula</u> accidit. non tamen
semper ita est: hodie enim nuntium e <u>Gallia</u> de amico quodam
5   accepi. dicit <u>Lugdunum</u>, urbem claram pulchramque, una nocte <u>igne</u>
<u>omnino</u> deletum esse. tota urbs incensa est. <u>ignis</u> subito coepit et per
insulas, per templa, per vias celerrime cucurrit. cives perterriti
domus suas servare conati sunt, sed frustra: nam <u>ignis</u> ingens et
ferox erat. quam dirum! quam triste! <u>Lugdunum</u> urbs prima in <u>Gallia</u>
10   erat. templa eius <u>divitia</u>, muri alti, fora <u>capacia</u> erant. nihil relictum
est. <u>ignis</u> numquam antea totam urbem ullam delevit. <u>solacium</u>
solum est hanc <u>cladem</u> <u>mutabilitatem</u> vitae ostendere. nec enim
regnum nec urbs nec vir <u>Fortunam</u> fugere potest.

Names

Gallia -ae *(f)*	Gaul
Lugdunum -i *(n)*	Lugdunum *(city in southern Gaul, modern Lyons)*
Fortuna -ae *(f)*	Fortune

Vocabulary

	constans -antis	constant
	cresco -ere	I grow
	memoria -ae *(f)*	memory
	oblivio -onis *(f)*	obscurity
3	saeculum -i *(n)*	century
	ignis -is *(m)*	fire
	omnino	completely
	dives -itis	rich
	capax -acis	spacious
11	solacium -i *(n)*	consolation
	clades -is *(f)*	disaster
	mutabilitas -atis *(f)*	fickleness

68 *Seneca describes the brave and calm way in which Marcellinus chose to die.*

Marcellinus, amicus meus et tuus, senex morbo longo et diro confectus, de morte cogitare coepit. nonnullos amicos ad se vocavit. unusquisque aut, quod timebat, id ei suasit quod iam sibi suaserat aut, quod adulator erat, id consilium dedit quod credebat
5   gratissimum ei cogitanti futurum esse. amicus noster Stoicus, vir fortis et fidelis, mihi videtur illum optime hortatus esse. sic locutus est: 'noli timere. vivere enim non magna res est. domus tua pulchra et laeta est. omnes servi tui vivunt et te amant. mortem fortiter pati bonum est, et libenter mori signum viri sapientis est.'

10   amicus Marcellino facile persuasit. donis parvis et amicis et servis lacrimantibus datis ut sui meminisse possent, modum mortis legit. tres dies nullum cibum accepit. deinde balneum inlatum est, in quo tam diu iacuit ut paulatim corpus superaretur et vita discederet. non sine quadam voluptate perire visus est.

Names

Marcellinus -i *(m)*	Marcellinus
Stoicus -i *(m)*	Stoicus

Vocabulary

	morbus -i *(m)*	illness
	unusquisque	every last one
	aut ... aut	either ... or
	suadeo -ere suasi	I advise *(+ dat)*
4	adulator -oris *(m)*	sycophant, flatterer
	gratus -a -um	welcome
	memini -isse	I remember *(+gen)*
	balneum -i *(n)*	bath
	paulatim	gradually
14	voluptas -atis *(f)*	pleasure

69 *Pliny urges his friend Minicius to choose rural calm over urban stress.*

Romae debes eadem paene <u>cotidie</u> facere. si civem quendam rogas 'quid hodie egisti?' semper tibi respondet <u>aut</u> se <u>officio togae virilis</u> <u>aut</u> <u>nuptiis</u> adfuisse, <u>aut</u> se <u>patronum</u> suum vidisse, <u>aut</u> se <u>causam</u> audivisse, <u>aut</u> in foro <u>negotium</u> egisse. haec ipsa ubi accidunt
5 <u>necessaria</u> videntur, sed si putas te eadem <u>cotidie</u> fecisse, facile est videre omnia <u>inania</u> esse. multo melius est, <u>Minici</u>, Romam relinquere. in villa mea <u>procul</u> ab urbe manere magnopere malo. hic inter agros tacens aut legere aut scribere possum, hic et <u>equitare</u> et currere gaudeo. nemo me <u>vexat</u>, nemo in me laborantem irrumpit.
10 villa semper pacis plena est. haec vita <u>rustica</u> optima est, hoc <u>otium</u> <u>dulce</u> et paene omni <u>negotio</u> pulchrius est! tu quoque, <u>Minici</u>, illum <u>strepitum</u> <u>urbanum</u> ac illam turbam malam relinque et <u>rus</u> quam celerrime veni! nam melius est <u>otium</u> <u>rusticum</u> habere quam nihil bonum Romae agere.

Names

Minicius -i *(m)*	Minicius

Vocabulary

	cotidie	every day
	aut ... aut	either ... or
	officium -i *(n)* togae virilis	coming-of-age ceremony
	nuptiae -arum *(f pl)*	wedding
3	patronus -i *(m)*	patron
	causa -ae *(f)*	lawsuit
	negotium -i *(n)*	business
	necessarius -a -um	necessary
	inanis -e	pointless
7	procul	far away
	equito -are	I ride a horse
	vexo -are	I annoy
	rusticus -a -um	rural, (of/in the) country
	otium -i *(n)*	leisure
11	dulcis -e	sweet
	strepitus -us *(m)*	din
	urbanus -a -um	urban, (of/in the) city
	rus	into the country

70 *Mount Vesuvius erupts: Part 1. Pliny describes the early stages of the volcanic eruption and the response of his uncle, Pliny the Elder.*

avunculus meus Miseni erat atque classem Romanam regebat. subito mater mea perterrita ei clamavit nubem novam et mirabilem, arbori similem, super montem apparuisse. nubes enim truncum longissimum habebat; deinde in caelo alto quibusdam ramis
5   diffundebatur. statim avunculus nautis imperavit ut navem pararent, quod trans mare ad montem navigare volebat. epistula quaedam quoque de amica Rectina (cuius villa sub monte iacebat) advenit, in qua nuntiavit quantus cinis caderet et eum hortata est ut se e periculo servaret. fortissime ad locum ipsum a quo alii fugiebant profectus
10 est, semper notans quid et in monte et in caelo accideret. cum cinis atque lapides igne fracti in navem cadere coepissent, dubitavit num domum redire deberet. mox tamen progredi constituit, et nautis 'Fortuna' inquit 'fortibus favet.'

Names

Misenum -i *(loc -i)* *(n)*	Misenum *(port near Pompeii)*
Rectina -ae *(f)*	Rectina
Fortuna -ae *(f)*	Fortune

Vocabulary

	avunculus -i *(m)*	uncle
	classis -is *(f)*	fleet
	nubes -is *(f)*	cloud
	mirabilis -e	strange
2	arbor -oris *(f)*	tree
	similis -e	similar to *(+ dat)*
	super	over *(+ acc)*
	truncus -i *(m)*	trunk
	ramus -i *(m)*	branch
5	diffundor -i	I spread out
	amica -ae *(f)*	(female) friend
	cinis -eris *(m)*	ash
	noto -are	I note
	lapis -idis *(m)*	rock
11	ignis -is *(m)*	fire
	frango -ere fregi fractus	I break
	dubito -are -avi	I hesitate

71   *Mount Vesuvius erupts: Part 2. Pliny's uncle dies a stoical death.*

avunculus meus, quod litora prope villam Rectinae clausa erant,
nautis imperavit ut ad villam amici alterius, Pomponiani, navigarent.
cum ibi pervenissent, avunculus amicum trementem complexus est
ac hortatus est. tum, quamquam periculum grave erat, ne timere
5   videretur, iussit balneum parari. post balneum gaudium simulans
cenam consumpsit. interea e Vesuvio flammae plurimis locis per
tenebras relucentes videbantur. avunculus tamen breviter dormivit.
deinde, cinere in villam cadente et terra vehemeter tremente
discedere coacti sunt. cervicalibus in capitibus positis (haec
10   munimentum contra pumices cadentes fuerunt) amici egressi sunt.
illa nox omnibus noctibus nigrior saeviorque fuit. avunculus,
intellegens nullam fugam esse, in litore iacens aquam rogavit.
tandem, odorem flammarum inquirere volens, surgere conatus est
sed fumo superatus mortuus cecidit.

Names

Rectina -ae *(f)*	Rectina
Pomponianus -i *(m)*	Pomponianus
Vesuvius -i *(m)*	Vesuvius

Vocabulary

	avunculus -i *(m)*	uncle
	litus -oris *(n)*	shore
	claudo -ere clausi clausus	I block
	tremo -ere	I tremble
3	complector -i complexus sum	I embrace
	balneum -i *(n)*	bath
	simulo -are	I simulate, I pretend to feel
	flamma -ae *(f)*	flame
	tenebrae -arum *(f pl)*	darkness
7	reluceo -ere	I gleam
	cinis -eris *(m)*	ash
	cervical -alis *(n)*	cushion
	munimentum -i *(n)*	protection
	pumex -icis *(m)*	pumice-stone
11	niger -gra -grum	black
	fuga -ae *(f)*	escape
	odor -oris *(m)*	smell
	inquiro -ere	I investigate
	fumus -i *(m)*	smoke

72 *An African dolphin: Part 1. Pliny begins an extraordinary story.*

heri apud amicum quendam hanc <u>fabulam</u> <u>mirabilem</u> audivi, cuius
<u>auctori</u> semper credo.

est in <u>Africa</u> urbs, <u>colonia</u> <u>Hipponis</u>, prope mare iacens. est inter
urbem et mare magnum <u>stagnum</u>. <u>huc</u> omnes cives ire solent ut et
5 <u>piscarentur</u> et nagivarent et, maxime pueri, <u>natarent</u>. pueri <u>cotidie</u>
<u>certamina</u> habent; vincit qui longissime a terra <u>natat</u>. olim hoc
<u>certamine</u> puer quidam audacior ceteris erat. <u>delphinus</u> subito
apparuit, ac nunc pro puero <u>natare</u> nunc sequi nunc circumire coepit.
tandem <u>natantem</u> sustulit et eum ad terram rettulit. <u>fama</u> harum
10 rerum celerrime per urbem <u>serpsit</u>. postridie maxima turba civium ad
<u>litus</u> festinavit ut <u>mirabilia</u> spectaret. <u>delphinus</u> iterum apparuit, sed
puer cum ceteris fugit. <u>delphinus</u> prope <u>litus</u> in aqua <u>lusit</u> et homines
sibi appropinquare invitare visus est. eadem nonnullos dies
acciderunt. tandem cives aquam intrare ausi sunt ac cum <u>delphino</u>
15 <u>natare</u> et <u>ludere</u> coeperunt.

Names

	Africa -ae *(f)*	Africa
	Hippo -onis *(m)*	Hippo *(city in northern Africa)*

Vocabulary

	fabula -ae *(f)*	story
	mirabilis -e	remarkable
	auctor -oris *(m)*	narrator
	colonia -ae *(f)*	colony
4	stagnum -i *(n)*	pool, lagoon
	huc	to this place
	piscor -ari	I fish
	nato -are	I swim
	cotidie	every day
6	certamen -inis *(n)*	contest
	delphinus -i *(m)*	dolphin
	fama -ae *(f)*	rumour
	serpo -ere serpsi	I spread
	litus -oris *(n)*	shore
12	ludo -ere lusi	I play

73   *An African dolphin: Part 2. Pliny recounts the dolphin's sad end.*

cives fortiores <u>facti sunt</u>. multos dies cum <u>delphino</u> et <u>natabant</u> et
<u>ludebant</u> atque etiam eum <u>tangebant</u>. puer et <u>delphinus</u> comites
fideles <u>facti sunt</u>. libenter puer <u>delphinum</u> ascendebat, libenter
<u>delphinus</u> eum portabat. <u>alter alterum</u> amabat. interea alii pueri simul
5   in aqua, amicum hortantes monentesque, <u>natabant</u>. deinde – ecce! –
<u>delphinus</u> alius apparuit. <u>delphinus</u> <u>secundus</u> tamen <u>solum</u> <u>spectator</u>
et comes alterius erat. <u>delphinus</u> primus etiam in terram se trahere
solitus est ut se <u>siccaret</u> et <u>incalesceret</u>.

deinde autem princeps urbis dicitur propter <u>religionem</u> quandam
10   <u>unguentum</u> in <u>delphinum</u> in terra iacentem <u>fudisse</u>. <u>delphinus</u>
perterritus fugit ac diu non visus est. post multos dies rediit, et
omnes <u>magistratus</u> <u>provinciae</u> ad eum spectandum festinaverunt.
quorum <u>visitationis</u> <u>sumptus</u> urbi tantus erat ut tandem principes
<u>delphinum</u> interficere constituerent.

15   num <u>fabulam</u> <u>mirabiliorem</u> tristioremque umquam audivisti?

Vocabulary

	fio fieri factus sum	I become
	delphinus -i *(m)*	dolphin
	nato -are	I swim
	ludo -ere	I play
2	tango -ere	I touch
	alter ... alter	one ... the other
	secundus -a -um	second
	solum	only
	spectator -oris *(m)*	spectator
8	sicco -are	I dry
	incalesco -ere	I get warm
	religio -onis *(f)*	superstition
	unguentum -i *(n)*	ointment
	fundo -ere fudi	I pour
12	magistratus -us *(m)*	magistrate
	provincia -ae *(f)*	province
	visitatio -onis *(f)*	visit
	sumptus -us *(m)*	expense
	fabula -ae *(f)*	story
15	mirabilis -e	remarkable

74   *Pliny while governing a province writes to the emperor Trajan with a query about how he should deal with those arrested as Christians.*

omnia, domine, de quibus <u>dubito</u> ad te referre soleo. quis enim potest
mihi consilium melius dare? <u>cognitionibus</u> de <u>Christianis</u> numquam
<u>interfui</u>: nescio igitur <u>rationem</u> solitam. estne <u>necesse</u> et liberos et
<u>rubustos</u> <u>item</u> <u>tractare</u>? <u>veniam</u> <u>paenitenti</u> dare? eos qui <u>deferebantur</u>,
5   dum consilium tuum exspecto, sic <u>tractavi</u>: rogavi ipsos num
<u>Christiani</u> essent. <u>confitentes</u> iterum rogavi num vere loquerentur;
<u>perseverantes</u> abduci iussi ut poenas darent. minime enim <u>dubitabam</u>
hos, etiam si non <u>Christiani</u> essent, propter hanc <u>pertinaciam</u> debere
puniri. mox plures <u>deferebantur</u>; liber in quo nomina illorum scripta
10   erant quoque apparuit. eos qui negabant se <u>Christianos</u> <u>aut</u> esse <u>aut</u>
fuisse, cum me spectante et deis precati essent et <u>statuae</u> tuae vinum
obtulissent, liberari iussi. alii, qui <u>confessi erant</u>, mihi dixerunt quid
<u>Christiani</u> crederent et facerent; res mihi nihil aliud esse videbatur
quam <u>superstitio</u> <u>prava</u> et <u>immodica</u>.

Name

Christianus -a -um   Christian

Vocabulary

	dubito -are	I doubt
	cognitio -ionis *(f)*	trial
	intersum -esse -fui	I am present at *(+ abl)*
	ratio -onis *(f)*	procedure
3	necesse	necessary
	robustus -a -um	adult
	item	alike, in the same way
	tracto -are -avi	I treat, I deal with
	venia -ae *(f)*	pardon
4	paeniteo -ere	I repent
	defero deferre	I accuse
	confiteor -eri confessus sum	I confess, I admit
	persevero -are	I hold out
	pertinacia -ae *(f)*	stubbornness
10	aut ... aut	either ... or
	statua -ae *(f)*	statue
	superstitio -onis *(f)*	cult
	pravus -a -um	degenerate
	immodicus -a -um	extravagant

75 *Thelyphron: Part 1. Lucius, an impressionable young traveller, hears a fellow diner begin an odd tale.*

post cenam <u>Thelyphron</u> <u>fabulam</u> narrare coepit. ita locutus est: 'olim <u>Larissae</u> senem in medio foro custodem <u>cadaveris</u> magna voce quaerentem conspexi. dicebat se magnum praemium homini hoc <u>officium</u> facere volenti daturum esse. miratus sum et rogavi civem
5   qui prope stabat cur mortuos custodire <u>necesse</u> esset. "<u>sagae</u>" inquit "in hac parte <u>Graeciae</u> vultus <u>cadaverum</u> <u>demorsicare</u> et <u>carne</u> in <u>cantionibus</u> <u>magicis</u> <u>uti</u> solent. <u>necesse</u> igitur est <u>cadaver</u> per totam noctem custodire. <u>sagae</u>, in <u>animalia</u> <u>transformatae</u>, custodem <u>somno</u> opprimere et vultum mortui consumere conantur. si, post
10   noctem, vultus <u>cadaveris</u> ulla parte <u>caret</u>, custos ipse eandem partem vultus sui tradere cogitur: sic poenas dat. quod hic mortuus civis clarus fuit, praemium maximum – mille <u>drachmae</u> – custodi dabitur." numquam <u>fabulam</u> stultiorem audiveram; non timebam; quod tum nullam pecuniam habebam, <u>officium</u> facere volebam.'

Names

Thelyphron -onis *(m)*	Thelyphron
Larissa -ae *(loc -ae)* *(f)*	Larissa *(city in central Greece)*
Graecia -ae *(f)*	Greece

Vocabulary

	fabula -ae *(f)*	story
	cadaver -eris *(n)*	dead body, corpse
	officium -i *(n)*	job
	necesse	necessary
5	saga -ae *(f)*	witch
	demorsico -are	I nibble on
	caro -nis *(f)*	flesh
	cantio -onis *(f)*	spell
	magicus -a -um	magic
7	utor -i	I use *(+ abl)*
	animal -alis *(n)*	animal
	transformo -are -avi -atus	I change (somebody's) shape
	somnus -i *(m)*	sleep
	careo -ere	I lack *(+ abl)*
12	drachma -ae *(f)*	drachma *(Greek unit of currency)*

76   *Thelyphron: Part 2. Lucius hears the bizarre end of the sinister tale.*

senex sic <u>continuavit</u>: '<u>officio</u> accepto statim ad villam ubi <u>cadaver</u>
iacebat ductus sum. uxor mortui mihi <u>cadaver</u> ostendit; vultus
<u>integer</u> erat. me monuit ne etiam brevissime dormirem, ne vultus a
<u>sagis</u> consumeretur. promisi me <u>officium</u> fideliter <u>perfecturum esse</u>.
5   deinde uxor discessit, et solus eram. diu nihil vidi; facile <u>vigiliam</u>
faciebam. tum <u>mustella</u> <u>cubiculum</u> intravit; quam celeriter <u>fugavi</u>.
statim tamen sensi <u>oculos</u> graviores <u>fieri</u>; dormire coepi. <u>mane</u>
surrexi; ad <u>cadaver</u> perterritus cucurri. forte vultus non consumptus
erat. uxor advenit, <u>cadaver</u> vidit, praemium mihi dedit. pecunia
10   accepta gavisus sum. postea autem, dum <u>cadaver</u> per forum ducitur,
hoc <u>miraculum</u> accidit: <u>cadaver</u> vivum <u>factum est</u>! dixit se ab uxore
interfectum esse; <u>sagas</u> non vultum suum sed meum consumpsisse.
vultum meum <u>tetigi</u>: <u>nasus</u> et <u>aures</u> nunc <u>cerei</u> erant et <u>tacti</u>
<u>deciderunt</u>! statim cognovi quid accidisset: <u>mustella</u> <u>saga</u> fuerat et
15   me dormire coegerat; deinde <u>sagae</u> <u>nasum</u> et <u>aures</u> consumpserant et
eos <u>effigiebus</u> <u>cereis</u> <u>commutaverant</u>. omnes me riserunt:
stultissimus fueram!'

Vocabulary

	continuo -are -avi	I continue
	officium -i *(n)*	job
	cadaver -eris *(n)*	dead body, corpse
	integer -gra -grum	intact
4	saga -ae *(f)*	witch
	perficio -ere perfeci perfectus	I complete
	vigilia -ae *(f)*	watch, vigil
	mustella -ae *(f)*	weasel
	cubiculum -i *(n)*	bedroom
6	fugo -are -avi	I chase away
	oculus -i *(m)*	eye
	fio fieri factus sum	I become
	mane	in the morning
	miraculum -i *(n)*	miracle
13	tango -ere tetigi tactus	I touch
	nasus -i *(m)*	nose
	auris -is *(f)*	ear
	cereus -a -um	made of wax
	decido -ere -i	I fall off
16	effigies -ei *(f)*	copy, replica
	commuto -are -avi	I replace X *(acc)* with Y *(abl)*

77 *Lucius the ass: Part 1. Lucius witnesses a magic trick and attempts to replicate it, but things don't go quite as planned.*

mane <u>Photis</u> me dormientem <u>excitavit</u>. dixit dominam suam illa nocte se in <u>avem</u> <u>mutaturam esse</u>. semper volueram <u>sagam</u> <u>cantiones</u> facientem spectare: nunc <u>occasio</u> erat! <u>sub vesperam</u> <u>Photis</u> me ad ianuam dominae tacens duxit. mihi imperavit ut per <u>rimam</u>
5 spectarem. vidi primo dominam <u>armario</u> appropinquare et unam e nonnullis <u>pyxidibus</u> legere; deinde <u>unguento</u> extracto corpus <u>unguere</u>; tandem, <u>cantione</u> dicta, <u>mutari</u>. corpus <u>plumis</u> <u>velabatur</u>; <u>bracchia</u> in <u>alas</u> <u>mutabantur</u>; subito <u>avis</u> erat et per <u>fenestram</u> fugit! maxime dominam miratus sum, cum semper <u>avis</u> esse voluissem.
10 statim <u>Photidem</u> oravi ut mihi illam eandem <u>pyxidem</u> portaret; mox rediit. quam celerrime corpus <u>unxi</u>. statim <u>mutabar</u> ... non tamen <u>plumis</u> sed <u>crinibus</u> <u>velabar</u>; non <u>bracchia</u> in <u>alas</u>, sed manus in <u>cornua</u> <u>mutabantur</u>; non <u>avis</u> sed <u>asinus</u> nunc eram!

Name

Photis -idis *(f)*	Photis *(Lucius' girlfriend)*

Vocabulary

	mane	in the morning
	excito -are -avi	I rouse, I wake (somebody) up
	avis -is *(f)*	bird
	muto -are -avi -atus	I change (something)
2	saga -ae *(f)*	witch
	cantio -onis *(f)*	spell
	occasio -onis *(f)*	opportunity
	sub vesperam	just before nightfall
	rima -ae *(f)*	chink, crack
5	armarium -i *(n)*	cupboard
	pyxis -idis *(f)*	casket
	unguentum -i *(n)*	ointment
	unguo -ere unxi	I smear, I rub
	pluma -ae *(f)*	feather
7	velo -are	I cover, I veil
	bracchium -i *(n)*	arm
	ala -ae *(f)*	wing
	fenestra -ae *(f)*	window
	crines -ium *(m pl)*	hair
13	cornu -us *(n)*	*(here)* hoof
	asinus -i *(m)*	ass, donkey

78   *Lucius the ass: Part 2. Lucius has a turbulent first night as an ass.*

in <u>asinum</u> – nec, ut volueram, in <u>avem</u> – <u>mutatus</u>, <u>Photidem</u>
<u>vituperare</u> volebam. sed non loqui poteram; eam igitur triste
spectabam. <u>Photis,</u> ubi quid accidisset vidit, se <u>feriebat</u> seque
<u>culpabat.</u> '<u>mehercle</u>!' inquit 'ex <u>armario</u> <u>pyxidem</u> <u>falsam</u> tibi tuli!
5   huius <u>erroris</u> tamen <u>remedium</u> facile est: <u>rosas</u> consumere debes.
promitto me cras prima luce ad has inveniendas exituram esse.'
iratissimus eram; diu nesciebam num <u>Photidem</u> necare vellem.
tandem autem cognovi <u>Photidem</u> meam solam spem esse. lente ad
<u>stabula</u> ambulabam ut cum equis dormirem. ibi tamen tres novae
10   <u>clades</u> mihi acciderunt. primo equi in <u>stabulis</u> (inter quos erat equus
meus!) me <u>calcitrare</u> coeperunt ne cibum suum consumerem. deinde
servus me <u>rosas</u> in <u>ara</u> conspectas consumere conantem invenit:
clamorem dedit et me <u>verberare</u> coepit. tum subito nonnulli <u>fures</u> in
<u>stabula</u> irruperunt: servos oppresserunt et nos ablatos e <u>stabulis</u> in
15   montes expulerunt. quam dira fuerat illa nox!

Name

Photis -idis *(f)*	Photis *(Lucius' girlfriend)*

Vocabulary

	asinus -i *(m)*	ass, donkey
	avis -is *(f)*	bird
	muto -are -avi -atus	I change (something)
	vitupero -are	I rebuke
3	ferio -ire	I strike
	culpo -are	I blame
	mehercle	by Hercules!
	armarium -i *(n)*	cupboard
	pyxis -idis *(f)*	casket
4	falsus -a -um	wrong
	error -oris *(m)*	mistake
	remedium -i *(n)*	solution, cure
	rosa -ae *(f)*	rose
	stabulum -i *(n)*	stable
10	clades -is *(f)*	disaster
	calcitro -are	I kick
	ara -ae *(f)*	altar
	verbero -are	I beat
	fur furis *(m)*	thief

79 *Lucius the ass: Part 3. Lucius suffers at the robbers' hands, but is eventually rescued from their cave in an unlikely way.*

diu ego, <u>adhuc</u> <u>asinus</u>, servus <u>furum</u> manebam. multa patiebar; celerrime cognovi quam difficilis haec vita esset! <u>fures</u> me multos dies pecuniam, cibum, arma portantem ambulare coegerunt; me saepe graviter <u>verberabant</u>. tandem ad <u>antrum</u> eorum advenimus, ubi
5 <u>fabulam</u> <u>mirabilem</u> <u>Cupidinis</u> et <u>Psyches</u> audivi. haec <u>fabula</u> solum <u>solacium</u> erat et mihi et puellae cuidam quae quoque a <u>furibus</u> capta erat. postea cum illa effugere conatus sum, sed celeriter <u>apprehensi</u> <u>sumus</u>. <u>sponsus</u> autem puellae ad <u>antrum</u> tandem advenit. quamquam <u>vestimenta</u> <u>mendica</u> gerebat, validus et maior ceteris videbatur. dixit
10 se etiam <u>furem</u> esse et <u>fures</u> oravit ut se acciperent; illi stulte ei credebant. iuvenis, ut novis amicis <u>placeret</u>, magnam cenam paravit. ipse multum vini non bibebat, sed <u>furibus</u> plurimum dabat. mox omnes <u>fures</u> <u>ebrii</u> dormiebant. sine <u>mora</u> eos <u>ligavit</u>, puellam meque abduxit, tum ad <u>antrum</u> rediit et <u>fures</u> necavit: liberatus eram!

Names

Cupido -inis *(m)*	Cupid *(god of love)*
Psyche -es *(Gk gen)* *(f)*	Psyche *(girl loved by Cupid)*

Vocabulary

	adhuc	still
	asinus -i *(m)*	ass, donkey
	fur furis *(m)*	thief
	verbero -are	I beat
4	antrum -i *(n)*	cave
	fabula -ae *(f)*	story
	mirabilis -e	remarkable, amazing
	solacium -i *(n)*	solace, comfort
	apprehendo -ere -i apprehensus	I catch
8	sponsus -i *(m)*	fiancé
	vestimenta -orum *(n pl)*	clothes
	mendicus -a -um	of a beggar
	placeo -ere	I please *(+ dat)*
	ebrius -a -um	drunk
13	mora -ae *(f)*	delay
	ligo -are -avi	I tie up

80 *Lucius the ass: Part 4. Lucius prays to be turned back into a human being; his request does not fall on deaf ears.*

cum ex antro furum liberatus essem, putabam me celeriter formam
humanam recepturum esse; non autem tam facile erat. multos
labores subire cogebar: servus primo sacerdotum, tum molitoris, tum
agricolae, tum coqui eram. tandem actor in circensibus eram; tam
5   callide agebam ut femina quaedam me cuperet et per totam noctem
me amaret! tum autem forte effugere poteram. ad litus ibam; septiens
mare intravi et reginae caeli precatus sum ut me e laboribus liberaret.
deinde – ecce! – dea mihi nullam spem habenti apparuit. dixit nomen
suum Isidem esse et promisit pompam sacerdotum suorum postridie
10 futuram esse; sacerdotes rosas portaturos esse. mihi imperavit ut
rosas consumerem; dixit me sic formam humanam recepturum
esse. ut promiserat, ita accidit: postridie sacerdotes in litore vidi;
rosae in manibus portabantur; dum sacerdotes precantur, ego eas
consumpsi ... subito vir iterum eram!

Name

Isis -idis *(f)*	Isis *(Egyptian goddess)*

Vocabulary

	antrum -i *(n)*	cave
	fur furis *(m)*	thief
	forma -ae *(f)*	shape, form
	humanus -a -um	human
2	recipio -ere recepi receptus	I regain
	subeo -ire	I undergo
	sacerdos -otis *(m)*	priest
	molitor -oris *(m)*	miller
	agricola -ae *(m)*	farmer
4	coquus -i *(m)*	cook
	actor -oris *(m)*	performer, showman
	circenses -ium *(m pl)*	circus games
	callidus -a -um	skilful
	amo -are	*(here)* I make love to
6	litus -oris *(n)*	shore
	septiens	seven times
	pompa -ae *(f)*	procession
	rosa -ae *(f)*	rose

Section 4

81 *Romulus mysteriously disappears; this event is variously interpreted.*

Romulus, primus rex Romanorum, postquam multos annos rexit, contionem habebat ad exercitum recensendum. subito tanta tempestas orta est ut rex, nimbo nigro celatus, videri non posset: nec postea in terris apparuit. ubi lux rediit, cives sedem regis vacuam
5 esse viderunt. itaque, cum nemo sciret quid accidisset, perterriti erant. senatores enim qui prope regem steterant eum in caelum sublatum esse dixerunt.

cives his senatoribus primo credebant. deinde nonnulli clamabant Romulum a senatoribus necatum et divulsum esse. alii alia dicebant.
10 postridie tamen vir clarus, Proculus nomine, civibus haec nuntiavit: 'Romulus, pater urbis nostrae, hodie prima luce mihi e caelo descendit. dum ego eum miror, "nuntia" inquit "civibus meis consilium deorum. Roma caput omnium terrarum erit. milites Romani omnes gentes bello superabunt. nemo armis Romanis
15 resistere poterit. dei ipsi sic constituerunt." haec locutus, Romulus in caelum abiit.' Proculus civibus sic persuasit regem a deis ablatum esse; Romulum ipsum ab eo tempore deum salutabant.

Names

Romulus -i *(m)*	Romulus
Proculus -i *(m)*	Proculus

Vocabulary

	contio -onis *(f)*	public meeting
	recenseo -ere	I inspect
	orior oriri ortus sum	I arise
	nimbus -i *(m)*	cloud
3	niger -gra -grum	black
	sedes -is *(f)*	seat
	vacuus -a -um	empty
	divello -ere -i divulsus	I tear apart

148

1   *Romulus ... recensendum* (lines 1-2): what do we learn about
     Romulus in this sentence?   [4]

2   *subito ... apparuit* (lines 2-4): what suddenly happened, and with
     what result?   [5]

3   *ubi ... viderunt* (lines 4-5): what did the citizens see when light
     returned?   [3]

4   *itaque ... erant* (lines 5-6): how did they feel, and why?   [4]

5   *senatores ... dixerunt* (lines 6-7): what claim did some senators
     make, and what reason had they to speak with authority?   [4]

6   Translate the rest of the story (lines 8-17) into good English.   [40]

                                                        [Total 60]

82   *A miraculous event leads to a slave boy becoming king of Rome.*

erat eo tempore inter servos in <u>regia</u> <u>Tarquinii Prisci</u> puer quidam
nomine <u>Servius Tullius</u>. dum puer dormit, <u>flammae</u> circum caput
subito conspectae sunt. omnes qui aderant mirati sunt. alii perterriti
tacebant, alii adeo clamabant ut rex et regina <u>excitarentur</u>. unus
5   servorum ad aquam ferendam cucurrit, sed regina omnibus 'nolite
timere!' inquit 'nolite eum movere!' mox <u>flammae</u> cum <u>somno</u> a
puero abierunt.

tum regina regi dixit: 'videsne hunc puerum, qui nunc servus est?
credo eum <u>quondam</u> hanc <u>regiam</u> in periculis fortissime
10   custoditurum esse. hic puer lux rebus nostris erit. <u>flammae</u> non sine
consilio deorum missae sunt. eum statim libera! puerum enim nunc
benigne <u>educare</u> debemus.' puer igitur liberatus est. omnia docebatur
quae filius regis <u>discere</u> debet. ubi iuvenis erat, filiam regis <u>in</u>
<u>matrimonium duxit</u>. post mortem <u>soceri</u> ipse rex factus est. cives
15   Romanos multos annos sapienter regebat. sunt qui dicunt eum
filium non servi fuisse sed principis <u>Corniculi</u>, quod Romani antea
ceperant.

Names

Tarquinius -i Priscus -i *(m)*	Tarquinius Priscus *(fifth king of Rome)*
Servius -i Tullius -i *(m)*	Servius Tullius *(sixth king)*
Corniculum -i *(n)*	Corniculum *(city in Italy)*

Vocabulary

	regia -ae *(f)*	palace
	flamma -ae *(f)*	flame
	excito -are	I rouse, I wake (somebody) up
	somnus -i *(m)*	sleep
9	quondam	someday
	educo -are	I bring up
	disco -ere	I learn
	in matrimonium duco	I marry
	socer -eri *(m)*	father-in-law

1   *erat ... Tullius* (lines 1-2): what does this sentence tell us about Servius Tullius? [5]

2   *dum ... conspectae sunt* (lines 2-3): what happened while the boy was sleeping? [3]

3   *omnes ... excitarentur* (lines 3-4): describe fully the various reactions and their outcome. [5]

4   *unus ... movere!* (lines 4-6):
(a) how did one slave try to help? [3]
(b) what instructions did the queen give to everyone? [2]

5   *mox ... abierunt* (lines 6-7): what soon happened? [2]

6   Translate the rest of the story (lines 8-17) into good English. [40]

[Total 60]

83 *The two sons of King Tarquinius are outwitted by their cousin*
Brutus who becomes the first consul of Rome.

ubi Tarquinius rex Romae erat, serpens in regia visus est. omnes qui
aderant perterriti fugerunt. rex ipse timebat ne serpens signum esset
a deis missum. itaque duos filios ad Graeciam ire iussit ut oraculum
Delphis consulerent. comitem cum eis misit Brutum, filium sororis
5   suae. quamquam filii regis putabant Brutum stultum esse, tres
iuvenes profecti sunt. trans mare ad Graeciam navigaverunt.

cum Delphos tandem advenissent, templum dei Apollinis
intraverunt. primo de serpente, ut iussi erant, oraculum consuluerunt.
deinde filii regis rogaverunt quis post mortem patris rex Romae
10   futurus esset. Pythia sic respondit: 'is vir summum imperium Romae
habebit, qui primus osculum matri dabit.' fratres igitur Romam
quam celerrime redire constituerunt, ut oraculo parerent. sed Brutus,
qui verba oraculi audiverat et sapientius intellexerat, quasi prolapsus
cecidit et osculum dedit terrae, quam matrem omnium hominum esse
15   credebat. postquam Romam rediit, rege Tarquinio expulso, primus
consul factus est. sic Brutus summum imperium Romae accepit.

Names

	Tarquinius -i *(m)*	Tarquinius *(last king of Rome)*
	Graecia -ae *(f)*	Greece
	Delphi -orum *(m pl)*	Delphi *(oracle in central Greece)*
	Brutus -i *(m)*	Brutus
7	Apollo -inis *(m)*	Apollo *(god of prophecy)*
	Pythia -ae *(f)*	the Pythia *(priestess of Apollo)*

Vocabulary

	serpens -entis *(m)*	serpent
	regia -ae *(f)*	palace
	oraculum -i *(n)*	oracle
	consulo -ere -ui	I consult
4	soror -oris *(f)*	sister
	osculum -i *(n)*	kiss
	pareo -ere	I obey *(+ dat)*
	quasi	as if
	prolabor -i prolapsus sum	I slip

1   *ubi ... fugerunt* (lines 1-2):
    (a) what strange event happened during the reign of Tarquinius? [3]
    (b) how did eyewitnesses react? [2]

2   *rex ... missum* (lines 2-3): what did the king fear? [3]

3   *itaque ... consulerent* (lines 3-4): how did he respond to the
    situation? [5]

4   *comitem ... suae* (lines 4-5): who was sent with the king's sons? [3]

5   *quamquam ... navigaverunt* (lines 5-6):
    (a) how did the king's sons regard their companion? [1]
    (b) what do we learn about the young men's journey? [3]

6   Translate the rest of the story (lines 7-16) into good English. [40]

[Total 60]

84   *One part of the Roman army, led by Furius, rashly attacks the enemy
and is defeated; Camillus then urges the other part to attack.*

Romani urbi <u>Volscorum</u> appropinquaverunt. statim omnes milites
<u>pugnam</u> <u>poscebant</u>. <u>Furius</u> igitur, eis resistere nolens, <u>alteram</u> partem
exercitus contra hostes duxit. <u>Camillus</u> tamen, iam senex, cum <u>altera</u>
parte <u>eventum</u> huius proelii exspectabat; quod consilium melius erat.

5   primo enim <u>concursu</u> hostes, <u>fraude</u> non <u>timore</u>, <u>pedem rettulerunt</u>.
itaque Romani <u>Furio</u> duce hostes sequebantur et ducti sunt
in locum tam <u>iniquum</u> ut ipsi facillime superarentur.

subito apparuerunt copiae hostium novae. deinde Romani milites,
<u>immemores</u> virtutis suae, <u>terga dabant</u> et trans <u>campum</u> fugerunt.

10   tum <u>Camillus</u> magna voce suos hortatus est. 'haec est,' inquit
'milites, <u>pugna</u> quam <u>poposcistis</u>. antea alius imperator vobis melior
visus est. nunc <u>Camillum</u> sequi debetis. me duce vincite! cur hostium
muros <u>procul</u> spectamus? nemo nisi <u>victor</u> urbem intrabit.' his verbis
auditis, <u>pudor</u> milites tenuit. virtute iterum incensi sunt: imperator

15   enim qui eos tam audacter hortabatur et senex et clarus erat. in armis
omnes progressi sunt. <u>Volsci</u> nunc vero <u>timore</u> trans <u>campum</u>
fugerunt.

Names

Volsci -orum *(m)*	Volscians *(Italian enemies of Rome)*
Furius -i *(m)*	Furius
Camillus -i *(m)*	Camillus

Vocabulary

	pugna -ae *(f)*	fight, battle
	posco -ere poposci	demand
	alter ... alter	one ... the other
	eventum -i *(n)*	outcome
5	concursus -us *(m)*	encounter, clash
	fraus fraudis *(f)*	trick
	timor -oris *(m)*	fear
	pedem refero	I retreat
	iniquus -a -um	treacherous
9	immemor -oris	forgetting *(+ gen)*
	tergum do	I turn my back
	campus -i *(m)*	plain
	procul	from afar

	victor -oris *(m)*	victor
14	pudor -oris *(m)*	shame

1   *Romani ... poscebant* (lines 1-2): what happened when the
Romans approached the city of the Volscians?   [3]

2   *Furius ... duxit* (lines 2-3): what did Furius do, and why?   [4]

3   *Camillus ... erat* (lines 3-4): what do we learn in this sentence about
Camillus and his response to the situation?   [5]

4   *primo ... rettulerunt* (line 5): in what way was the behaviour of the
enemy misleading?   [3]

5   *itaque ... superarentur* (lines 6-7): explain fully what happened to
the part of the army led by Furius.   [5]

6   Translate the rest of the story (lines 8-17) into good English.   [40]

[Total 60]

85 *The people of Carthage and Cyrene in North Africa settle a desert boundary dispute in a drastic way.*

olim Carthaginienses cum Cyrenensibus de finibus disputabant. inter has urbes erat magna regio deserta, ubi nihil erat quo agri dividi poterant. copiae et Carthaginiensium et Cyrenensium multis proeliis factis paene deletae erant. timebant igitur ne ab aliis hostibus
5 oppugnarentur. itaque hoc consilium ceperunt: 'legati et a nobis et a vobis in regionem desertam mittentur; ubi convenient, eo loco finem faciemus.'

deinde Carthaginienses duobus fratribus, qui Philaeni vocabantur, imperaverunt ut legati irent; qui ab urbe statim profecti celerrime
10 iter fecerunt. Cyrenenses tamen lentius euntes pauca milia passuum progressi sunt. ubi convenerunt, hi timebant ne domum regressi punirentur. itaque vituperabant Carthaginienses: 'vos sine dubio ante tempus profecti estis!' tum illi rogaverunt quomodo Cyrenenses rem constituere vellent. Cyrenenses responderunt: 'si vivi hic obrui
15 vultis, hunc finem faciemus; si non vultis, nos finem deligemus et ibi nos vivi obruemur.' tum duo fratres Carthaginienses condicione dira accepta in illo ipso loco vivi obruti sunt.

Names

Carthaginienses -ium *(m pl)*	Carthaginians, people of Carthage
Cyrenenses -ium *(m pl)*	Cyrenians, people of Cyrene
Philaeni -orum *(m pl)*	Philaeni *(family name)*

Vocabulary

	finis -is *(m)*	boundary, border
	disputo -are	disagree
	regio -onis deserta -ae *(f)*	desert region
	agri -orum *(m pl)*	*(here)* territory
3	divido -ere	I divide
	consilium capio	I make a plan
	legatus -i *(m)*	envoy, representative
	mille *pl* milia passuum	mile
	vitupero -are	I find fault with
12	dubium -i *(n)*	doubt
	obruo -ere -i -tus	I bury
	deligo -ere	I choose
	condicio -onis *(f)*	condition, terms

1   *olim ... poterant* (lines 1-3): explain fully how geographical factors
     caused the dispute between Carthage and Cyrene.   [5]

2   *copiae ... deletae erant* (lines 3-4): what do we learn here about the
     previous history of their conflict?   [5]

3   *timebant ... oppugnarentur* (lines 4-5): what fear did both sides
     have?   [3]

4   *itaque ... mittentur* (lines 5-6): what plan did they adopt?   [4]

5   *ubi ... faciemus* (lines 6-7): how was the dispute to be settled? [3]

6   Translate the rest of the story (lines 8-17) into good English.   [40]

[Total 60]

86   *When the Persians invade Greece in 480 BC, Themistocles*
persuades the Athenians to follow his advice.

Xerxes rex Persarum contra Graeciam terra marique bellum gerere
constituit cum copiis ingentibus, numquam antea nec postea visis.
cum tot naves tantumque exercitum paravissent, Persae tandem
profecti per mediam Graeciae partem progrediebantur. Athenienses
5   igitur, cum Xerxem adventurum esse audivissent, nuntios Delphos
miserunt ut deum Apollinem rogarent quid de rebus suis nunc facere
deberent. Pythia eos monuit ut muris ligneis crederent.

haec verba nemo intellexit. Themistocles tamen, vir sapientissimus,
cognovit muros ligneos esse naves; dixit consilium Apollinis esse ut
10   navibus contra Persas pugnarent. cives quoque hortatus est ut ad loca
tutiora navigarent. illi tamen ab urbe discedere nolebant. itaque
Themistocles 'serpens sacra' inquit 'quae in arce habitabat iam
discessit. dei hoc signo nos quoque urbem relinquere et salutem
navibus petere iubent.' tali consilio laudato, Athenienses omnia quae
15   portari poterant in naves posuerunt. tum urbem reliquerunt; arx a
paucis senibus custodiebatur. Persae urbem incenderunt, sed proelio
navali ab Atheniensibus postea superati sunt.

Names

	Xerxes -is *(m)*	Xerxes
	Persae -arum *(m pl)*	Persians
	Graecia -ae *(f)*	Greece
	Athenienses -ium *(m pl)*	Athenians
5	Delphi -orum *(m pl)*	Delphi *(oracle in central Greece)*
	Apollo -inis *(m)*	Apollo
	Pythia -ae *(f)*	the Pythia *(priestess at Delphi)*
	Themistocles -is *(m)*	Themistocles

Vocabulary

	ligneus -a -um	wooden
	tutus -a -um	safe
	serpens -entis *(f)*	snake
	arx arcis *(f)*	citadel *(fortified hilltop, i.e. the*
12		*Acropolis)*
	salus -utis *(f)*	safety
	navalis -e	naval

1   *Xerxes ... visis* (lines 1-2): explain in detail what we learn here about Xerxes, his plans, and his resources.   [6]

2   *cum ... progrediebantur* (lines 3-4): what did the Persians do after preparing their military and naval forces?   [4]

3   *Athenienses ... miserunt* (lines 4-6): what did the Athenians do when they heard that Xerxes was on his way?   [3]

4   *ut ... deberent* (lines 6-7): what was the purpose of this mission?   [4]

5   *Pythia ... crederent* (line 7): what did the Pythia advise them to do?   [3]

6   Translate the rest of the story (lines 8-17) into good English.   [40]

[Total 60]

87 *Mithridates urges Datames to make war on the king of Persia, but then treacherously kills him.*

Mithridates per nuntium Datami dixit tempus esse maiores exercitus parare et bellum contra regem gerere. nuntiavit se de his rebus in colloquium cupere venire. cum Datames adnuisset, tempus locumque constituerunt ut in colloquium convenirent. Mithridates
5 tamen antea venit et gladios locis diversis celavit. die autem ipso colloquii et Datames et Mithridates, quod periculum timebant, milites miserunt ut locum explorarent; deinde ipsi convenerunt.

cum aliquamdiu in colloquio hic fuissent et diverse discessissent iamque Datames procul abesset, Mithridates ad eundem locum
10 regressus est et ibi sedit, ubi gladium celatum esse sciebat. deinde Datamem subito revocavit, simulans se aliud dicere velle. interea gladium e terra extraxit et sub veste celavit. cum Datames advenisset, Mithridates dixit se locum quendam invenisse idoneum ad castra ponenda. quem cum manu ostenderet et Datames
15 respiceret, eum aversum gladio statim transfixit. sic occisus est vir fortis qui multos consilio et armis, neminem perfidia superaverat; ipse ab amico simulato tandem superatus erat.

Names

Mithridates -is *(m)*	Mithridates *(rebel Persian governor)*
Datames -is *(m)*	Datames *(rival rebel)*

Vocabulary

	colloquium -i *(n)*	discussion, talks
	adnuo -ere -i	I agree
	diversus -a -um	different, various
	exploro -are	I search
8	aliquamdiu	for some time
	diverse	in opposite directions
	procul	far, at a distance
	simulo -are -avi -atus	I pretend
	vestis -is *(f)*	clothing
13	idoneus -a -um	suitable
	respicio -ere	I look back, I look behind me
	aversus -a -um	turned away
	transfigo -ere transfixi	I stab
	perfidia -ae *(f)*	treachery

1   *Mithridates ... gerere* (lines 1-2): what did Mithridates inform
     Datames that it was time to do?   [5]

2   *nuntiavit ... venire* (lines 2-3): what did Mithridates say about his
     own wishes?   [2]

3   *cum ... convenirent* (lines 3-4): how did Datames react, and what was
     then decided?   [4]

4   *Mithridates ... celavit* (lines 4-5): how did Mithridates prepare to
     deal treacherously with Datames?   [4]

5   *die ... convenerunt* (lines 5-7): explain fully how the behaviour of
     both men showed their suspicion of each other.   [5]

6   Translate the rest of the story (lines 8-17) into good English.   [40]

[Total 60]

88   *How the Roman tribune Valerius Corvinus got his surname.*

copiae <u>Gallorum</u> ingentes in <u>campo</u> contra exercitum Romanum
<u>instruebantur</u>. dux interea <u>Gallorum</u>, maximo corpore armisque
<u>fulgentibus</u>, gladium manu tenens Romanos <u>provocavit</u> ut unus ex
eis contra se pugnare auderet. tum <u>Valerius</u> <u>tribunus</u>, dum ceteri
5   <u>dubitant</u>, a consulibus petivit ut sibi contra ducem hostium gladio
pugnare <u>permitterent</u>. deinde hic iuvenis, omnibus spectantibus, in
armis fortiter in medium <u>campum</u> progressus est. <u>pugna</u> coepit.

tum manus deorum in rebus hominum ostenta est. nam <u>corvus</u>
<u>advolavit</u> et in <u>galea</u> Valerii sedit. hoc signum caelo missum <u>tribunus</u>
10   laete accepit. itaque precatus est ut dei se servarent. <u>corvus</u> locum in
capite iuvenis tenuit. ubi dux <u>Gallorum</u> <u>Valerium</u> petivit, <u>corvus</u>
<u>os</u> <u>oculos</u>que eius <u>rostro</u> oppugnavit. hoc iterum atque iterum accidit.
tandem hostis, et vultu et animo vulneratus, ad terram cecidit;
<u>Valerius</u> eum facile occidit. <u>corvus</u>, qui iuvenem tam fideliter
15   custodiverat, in caelum discessit. tum <u>Galli</u> et Romani de corpore
ducis pugnaverunt; Romani vicerunt. <u>tribunus</u> postea 'Corvinus'
vocatus est.

Names

Galli -orum *(m pl)*	Gauls
Valerius -i *(m)*	Valerius
Corvinus -i *(m)*	Corvinus *(literally 'of the raven')*

Vocabulary

	campus -i	plain
	instruo -ere	I draw up
	fulgeo -ere	I gleam
	provoco -are -avi	I challenge
4	tribunus -i *(m)*	tribune *(type of army officer)*
	dubito -are	I hesitate
	permitto -ere	I allow *(+ dat)*
	pugna -ae *(f)*	fight
	corvus -i *(m)*	raven
9	advolo -are -avi	I come flying up
	galea -ae *(f)*	helmet
	os oris *(n)*	mouth
	oculus -i *(m)*	eye
	rostrum -i *(n)*	beak

1   *copiae ... instruebantur* (lines 1-2): what does this sentence tell us about the Gauls' forces?   [3]

2   *dux ... tenens* (lines 2-3): how is their leader described here?   [3]

3   *Romanos ... auderet* (lines 3-4): what was his challenge to the Romans?   [3]

4   *tum ... permitterent* (lines 4-6): explain fully what we learn about the tribune Valerius.   [6]

5   *deinde ... coepit* (lines 6-7): describe what happened next.   [5]

6   Translate the rest of the story (lines 8-17) into good English.   [40]

[Total 60]

89   *The flute-players at Rome go on strike.*

eodem anno res parva sed gravis Romae accidit. erant enim <u>tibicines</u>,
qui <u>carmina</u> sacra <u>cantabant</u> dum <u>sacerdotes</u> deis <u>sacrificabant</u>. hi
<u>tibicines</u> <u>convivium</u> <u>annuum</u> in templo <u>Iovis</u> habere a senatoribus
<u>prohibiti sunt</u>, quamquam hoc facere diu soliti erant. itaque <u>cantare</u>
5   nolebant: tam irati erant ut omnes simul <u>Tibur</u> adirent. senatores,
cum nemo Romae <u>cantare</u> in templo posset, iram deorum timentes
rem <u>graviter tulerunt</u>.

nuntios igitur miserunt ad <u>tibicines</u> Romam reducendos. <u>Tiburtini</u>,
nuntiis benigne acceptis, <u>tibicines</u> hortati sunt ut Romam redirent.
10   cum tamen eis persuadere non possent, <u>callidissimum</u> <u>consilium</u>
<u>ceperunt</u>. <u>tibicines</u> ad cenam optimam invitati sunt, ut ibi <u>cantarent</u>.
tantum vini biberunt ut mox dormirent. itaque vino superati et a
<u>Tiburtinis</u> in <u>plaustra</u> iacti, Romam portati sunt. ibi in foro
dormientes relicti sunt. prima luce clamoribus <u>excitati</u> viderunt se
15   turba hominum <u>circumventos esse</u>. deinde, cum senatores eis
<u>convivium</u> in templo ut antea habere <u>permisissent</u>, <u>tibicines</u>
promiserunt se, Romae manentes, in templo ut antea <u>cantaturos esse</u>.

Names

Iuppiter Iovis *(m)*	Jupiter
Tibur -uris *(n)*	Tibur *(town a few miles from Rome)*
Tiburtini -orum *(m pl)*	people of Tibur

Vocabulary

	tibicen -inis *(m)*	flute-player
	carmen -inis *(n)*	song
	canto -are	I play, I perform
	sacerdos -otis *(m)*	priest
2	sacrifico -are	I sacrifice
	convivium -i *(n)*	feast, banquet
	annuus -a -um	annual
	prohibeo -ere -ui -itus	I forbid
	graviter fero	I take seriously, I am concerned about
10	callidus -a -um	clever
	consilium capio	I make a plan
	plaustrum -i *(n)*	wagon, cart
	excito -are -avi -atus	I rouse, I wake (somebody) up

	circumvenio -ire -i -tus	I surround
16	permitto -ere permisi	I allow *(+ dat)*

1   *eodem ... accidit* (line 1): how is the incident at Rome described? [2]

2   *erant ... sacrificabant* (lines 1-2): what were the flute-players employed to do?   [4]

3   *hi ... soliti erant* (lines 2-4): explain fully how a traditional privilege was threatened.   [5]

4   *itaque ... adirent* (lines 4-5): what form did the strike take?   [4]

5   *senatores ... tulerunt* (lines 5-7): describe in detail how the senators reacted.   [5]

6   Translate the rest of the story (lines 8-17) into good English.   [40]

[Total 60]

90 *During the siege of Sora, a traitor shows the Romans the way up to the citadel, and then creates panic in the town.*

transfuga Sora clam profectus, cum castris Romanis appropinquavisset, custodibus imperavit ut ad consules statim duceretur: promisit se urbem traditurum esse. rogatus ab eis quomodo hoc facturus esset, hortatus est ut castra Romana sex
5 milia passuum ab urbe moverentur; dixit vigiles Sorae hoc modo minus intentos futuros esse. transfuga dixit se decem milites Romanos nocte ad urbem ducturum esse, ceteris in silvis manentibus.

consilium a consulibus laudatum est. transfuga viam ad arcem
10 Romanis ostendit. 'hoc ascensu' inquit 'tres milites magno cum exercitu pugnare possunt; vos decem estis, et fortissimi Romanorum. et locus et nox vobis auxilium dabunt. nocte enim nihil clarum est, et omnia timentur. ego cives iam terrebo; vos arcem audacter tenete!' deinde transfuga per urbem quam celerrime cucurrit et 'ad arma,
15 cives' clamavit 'arx ab hostibus capta est!' cives ubi hoc audiverunt sine armis perterriti per vias fugerunt, et portas urbis fregerunt. Romani igitur facile irruperunt. sic Sora tandem capta est.

Name

Sora -ae *(f)*	Sora *(town in central Italy)*

Vocabulary

transfuga -ae *(m)*	deserter
clam	secretly
mille *pl* milia passuum	mile
vigil -ilis *(m)*	watchman
6 intentus -a -um	intent, on guard
arx arcis *(f)*	citadel *(fortified hilltop)*
ascensus -us *(m)*	ascent, way up
frango -ere fregi	I break down

1   *transfuga ... duceretur* (lines 1-3): describe fully the actions of the
    deserter.   [6]

2   *promisit ... traditurum esse* (line 3): what promise did he make?   [2]

3   *rogatus ... moverentur* (lines 3-5): when questioned, what did the
    deserter urge the Romans to do?   [4]

4   *dixit ... futuros esse* (lines 5-6): what did he claim this would
    achieve?   [3]

5   *transfuga ... manentibus* (lines 6-8): what did the deserter propose
    doing next?   [5]

6   Translate the rest of the story (lines 9-17) into good English.   [40]

[Total 60]

91 *News reaches Rome of the disastrous defeat by Hannibal of the*
Roman army in the battle at Lake Trasimene in 217 BC.

hoc anno ad <u>Trasumenum</u> Romani <u>cladem</u> gravissimam acceperunt.
nam <u>quindecim</u> <u>milia</u> Romanorum in proelio ab hostibus occisi sunt;
decem <u>milia</u> <u>diversis</u> itineribus Romam fugerunt. multi postea e
vulneribus suis mortui sunt. simulac <u>rumor</u> huius <u>cladis</u> Romae
5   auditus est, cives perterriti in forum cucurrerunt ut quaererent quid
accidisset. primo nihil clarum cognoverunt. tum <u>praetor</u>, nomine
M. <u>Pomponius</u>, '<u>pugna</u>' inquit 'magna victi sumus.'

<u>praetor</u> nihil aliud dixit. verbis tamen eius auditis, urbs subito
<u>rumorum</u> plena erat. alii dicebant totum exercitum ab hostibus
10   captum esse, alii consulem ipsum cum maxima parte copiarum
necatum esse. postridie turba feminarum ad portas urbis convenit.
omnes enim timebant ne filii sui necati essent. diu ibi manebant ad
nuntios exspectandos. qui cum tandem advenissent, vultus <u>diversi</u>
in turba visi sunt. nonnullae enim matres, cum filios suos vivere
15   cognovissent, gaudentes domum abibant. ceterae autem tristissimae
erant, amicis eas <u>consolantibus</u>. senatores interea, nescientes
quomodo hostibus resistere possent, multos dies consilium petebant.

Names

Trasumenus -i *(m)*	Lake Trasimene *(in northern Italy)*
M. Pomponius -i *(m)*	Marcus Pomponius

Vocabulary

	clades -is *(f)*	disaster
	quindecim	fifteen
	mille *pl* milia -ium	thousand
	diversus -a -um	different, varied
4	rumor -oris *(m)*	rumour
	clades -is *(f)*	disaster
	praetor -oris *(m)*	praetor *(Roman magistrate)*
	pugna -ae *(f)*	fight, battle
	consolor -ari	I console, I comfort

1   *hoc anno ... acceperunt* (line 1): what happened in this year?   [3]

2   *nam ... mortui sunt* (lines 2-4): explain fully what we learn here
     about the casualties and survivors.   [6]

3   *simulac ... accidisset* (lines 4-6): describe how the citizens reacted
     when news reached Rome.   [4]

4   *primo ... cognoverunt* (line 6): what initial problem did they
     have?   [2]

5   *tum ... victi sumus* (lines 6-7): how was this resolved?   [5]

6   Translate the rest of the story (lines 8-17) into good English.   [40]

     [Total 60]

92   *A slave's information leads to the arrest of arsonists in Rome.*

Romae multa <u>incendia</u> circum forum subito visa sunt. eodem
tempore septem tabernae <u>flammis</u> deletae sunt. deinde multae domus
quoque incendebantur. nocte ac die <u>flammae</u> tantae erant ut tota urbs
magno in periculo esset. templum <u>Vestae</u> <u>vix</u> defensum est auxilio
5   servorum, qui postea liberati sunt. quod tot <u>incendia</u> simul erant,
cives perterriti credebant hanc diram rem ab hominibus scelestis
factam esse.

cum flammae tandem superatae essent, consul cives in forum
vocatos rogavit num scirent qui ea <u>incendia</u> fecissent. magnum
10   praemium promisit: viro <u>libero</u> pecuniam, servo <u>libertatem</u>. tum
servus quidam <u>Manus</u> nomine, hoc praemium sibi sperans, dixit
dominum suum cum quinque comitibus et ea incendia fecisse et
multa alia facturum esse. consul igitur, servo fideli laudato, milites
quam celerrime misit ad <u>coniuratos</u> quaerendos. illi, cum capti
15   essent, in forum ducti sunt. omnes cives pro tanto scelere poenam
mortis <u>poposcerunt</u>. itaque <u>coniurati</u> sic puniti sunt; <u>Manus</u>, quod
urbem feliciter servaverat, liberatus est.

Names

Vesta -ae *(f)*	Vesta *(goddess of the hearth)*
Manus -i *(m)*	Manus

Vocabulary

	incendium -i *(n)*	fire
	flamma -ae *(f)*	flame
	vix	only just, with difficulty
	liber -era -erum	free
10	libertas -atis *(f)*	freedom
	coniurati -orum *(m pl)*	conspirators
	posco -ere poposci	I demand

1   *Romae ... visa sunt* (line 1): what happened in Rome?   [4]

2   *eodem ... incendebantur* (lines 1-3): what are we told about the
     buildings that fell victim to the fires?   [4]

3   *nocte ... esset* (lines 3-4): what do we learn in this sentence about the
     scale of the problem?   [4]

4   *templum ... liberati sunt* (lines 4-5): explain how the Temple of
     Vesta had a narrow escape, and how gratitude for this was
     expressed.   [4]

5   *quod ... factam esse* (lines 5-7): describe the reaction of the citizens
     to so many fires at the same time.   [4]

6   Translate the rest of the story (lines 8-17) into good English.   [40]

[Total 60]

93   *Marcus Livius Drusus presents himself as a squeaky-clean politician and makes plans for reform, but is killed for his trouble.*

M. Livius Drusus, vir nobilis, in omnibus rebus bonus sed non felix erat. cum novam domum in Palatio aedificaret, architectus promisit se ita aedificaturum esse ut nemo in eam spectare posset. Drusus tamen respondit se domum ita aedificari velle ut omnes viderent
5   quid intus ageretur. 'hoc modo' inquit 'et tu artem tuam vere ostendes, et ego ingenium meum vere ostendam.'

postquam tribunus factus est, maiorem potestatem senatoribus dare cupiebat. senatores tamen, cum putarent eum auxilium plebi quoque daturum esse, Druso non credebant. itaque ceteris tribunis favebant,
10   qui illi inimici erant. deinde Drusus civitatem Romanam populis Italiae offerre constituit. nec plebs nec senatores hoc consilium laudaverunt. Drusus igitur plures inimicos iam habebat. postea, dum e foro domum redit, gladio gravissime vulneratus est; mox, gladio in vulnere relicto, mortuus est. ultimo tamen spiritu, turbam amicorum
15   spectans, haec verba dixit: 'quando, amici, civem similem mihi habebit res publica?' hunc finem vitae habuit vir clarissimus.

Names

M. Livius -i Drusus -i *(m)*	Marcus Livius Drusus *(also just called* Drusus*)*
Palatium -i *(n)*	the Palatine *(hill in Rome)*
Italia -ae *(f)*	Italy

Vocabulary

	nobilis -e	noble, of noble birth
	architectus -i *(m)*	architect
	intus	inside
	ingenium -i *(n)*	character
7	tribunus -i *(m)*	tribune *(type of Roman magistrate)*
	potestas -atis *(f)*	power
	plebs plebis *(f)*	the lower classes
	civitas -atis *(f)*	citizenship
	populus -i *(m)*	people, population
14	ultimus -a -um	final
	spiritus -us *(m)*	breath
	similis -e	like, similar to *(+ dat)*

res publica rei publicae *(f)*   the state
finis -is *(m)*   end

1   *M. Livius Drusus ... erat* (lines 1-2): what do we learn about Drusus in this sentence? [4]

2   *cum ... posset* (lines 2-3): what did the architect of Drusus' new house promise to do? [5]

3   *Drusus ... ageretur* (lines 3-5): how did Drusus reply? [6]

4   *hoc ... ostendes* (lines 5-6): what did Drusus say that the architect would do by complying with his request? [3]

5   *et ... ostendam* (line 6): what did Drusus say he himself would achieve in this way? [2]

6   Translate the rest of the story (lines 7-16) into good English. [40]

[Total 60]

94 *Strato commits theft and murder at the house of Sassia, but does not escape detection.*

Sassia, femina dives, servum quendam habebat, Stratonem nomine,
qui artem medicinae bene sciebat. domina igitur tabernam servo
dedit ut artem exerceret. Strato tamen non laetus erat sed pecuniae
avidissimus. in tablino villae Sassiae erat armarium ingens. Strato
5 sciebat multum argentum in armario positum esse; sed difficile erat
ei hoc auferre quod clavem non habebat, et duo servi fideles
tablinum custodiebant.

Strato igitur serrulam emit. deinde auxilio unius pueri (cui minimam
partem pecuniae promisit) duos custodes dormientes nocte occidit et
10 corpora in piscinam iniecit. fundum armarii serrula exsecuit et
argentum abstulit. scelere postridie cognito, omnes quaerebant
quomodo fundus armarii exsectus esset. erat tamen amicus Sassiae
qui putabat se serrulam in auctione nuper vidisse; coactor rogatus
dixit serrulam Stratoni venditam esse. itaque puer qui auxilium
15 Stratoni dederat perterritus erat; totam rem Sassiae narravit. corpora
servorum e piscina extracta sunt. argentum in taberna Stratonis
inventum est. Sassia linguam Stratonis exsecari iussit, deinde ipsum
necari.

Names

Sassia -ae *(f)*	Sassia
Strato -onis *(m)*	Strato

Vocabulary

	dives -itis	wealthy
	medicina -ae *(f)*	medicine
	exerceo -ere	I practise
	avidus -a -um	greedy for *(+ gen)*
4	tablinum -i *(n)*	study
	armarium -i *(n)*	chest
	argentum -i *(n)*	silver
	clavis -is *(f)*	key
	serrula -ae *(f)*	saw
10	piscina -ae *(f)*	fish-pond
	fundus -i *(m)*	bottom, base
	exseco -are -ui -tus	I cut out
	auctio -onis *(f)*	auction, public sale

	nuper	recently
13	coactor -oris *(m)*	auctioneer
	lingua -ae *(f)*	tongue

1   *Sassia ... sciebat* (lines 1-2): what do we learn from this sentence about Sassia and Strato?   [5]

2   *domina ... exerceret* (lines 2-3): what did Sassia do for Strato?   [4]

3   *Strato ... avidissimus* (lines 3-4): why was Strato not happy?   [2]

4   *in tablino ... positum esse* (lines 4-5): what temptation was Strato faced with?   [4]

5   *sed ... custodiebant* (lines 5-7): what obstacles did he face?   [5]

6   Translate the rest of the story (lines 8-18) into good English.   [40]

[Total 60]

95 *Publius Gavius, a Roman citizen, is horrifically treated by Verres,
the corrupt governor of Sicily.*

Publius Gavius, civis Romanus, mercator erat qui in Sicilia
habitabat. Verres, praetor provinciae, vir crudelissimus, Gavium
in lautumias iniecit, ut divitias eius haberet. ille tamen effugit et
Messanam venit. ibi queri coepit quod crudelia passus erat. navem
5 ascendere conatus est ut iter Romam faceret. in animo habebat
Verrem, cum e provincia rediisset, accusare: civis enim Romanus
sic puniri non debebat.

erat tamen Messanae magistratus scelestus cui pecunia a Verre data
erat ut inimicos eius caveret. hic Gavium navem ascensurum capi
10 iussit, et totam rem praetori nuntiavit, qui Messanam eo ipso die
advenit. deinde Verres iratus imperavit ut Gavius, nudatus et in
forum tractus, virgis vehementissime verberaretur. Gavius clamabat
se civem Romanum esse, et militem in legione Romana fuisse; sed
frustra. dum hic miser homo verberatur, nihil auditum est nisi 'civis
15 Romanus sum.' sed haec verba Gavium non servaverunt. Verres
enim imperavit ut crux poneretur ad Gavium ante oculos omnium
necandum.

Names

	Publius -i Gavius -i *(m)*	Publius Gavius *(also just called Gavius)*
	Sicilia -ae *(f)*	Sicily
	Verres -is *(m)*	Verres
8	Messana -ae *(loc -ae) (f)*	Messana *(town in Sicily)*

Vocabulary

	praetor -oris *(m)*	governor
	provincia -ae *(f)*	province
	lautumia -ae *(f)*	stone quarry
	divitiae -arum *(f pl)*	wealth, riches
4	queror -i	I complain
	accuso -are	I accuse
	magistratus -us *(m)*	magistrate
	caveo -ere	I am on the lookout for
	nudo -are -avi -atus	I strip (somebody) naked
12	virga -ae *(f)*	rod, cane
	verbero -are	I beat

      crux crucis *(f)*   cross *(for crucifixion)*
      oculus -i *(m)*   eye

1   *Publius Gavius ... habitabat* (lines 1-2): what do we learn in this
     sentence about Publius Gavius?   [3]

2   *Verres ... haberet* (lines 2-3):
     (a) what are we told about Verres?   [2]
     (b) what did he do to Gavius, and why?   [2]

3   *ille ... passus erat* (lines 3-4): describe in detail what Gavius did
     next.   [4]

4   *navem ... accusare* (lines 4-6): what did he now try to do, and for
     what purpose?   [6]

5   *civis ... debebat* (lines 6-7): why should Gavius have been protected
     from the treatment he received?   [3]

6   Translate the rest of the story (lines 8-17) into good English.   [40]

                                              [Total 60]

96   *A plot against the consul Cicero is betrayed because one of the*
conspirators wants to impress his girlfriend.

nobiles quidam Romani coniurationem fecerunt ut consules
interficerent domusque senatorum incenderent. in coniuratione erat
Q. Curius, homo audax qui e senatu expulsus erat. nec tacere de
rebus auditis nec scelera sua celare poterat. amicam habebat
5   Fulviam, cui subito glorians maria montesque promittere coepit.
saepe dicebat se mox divitissimum futurum esse, ut amorem teneret
amicae; cui spes et consilia coniuratorum narravit.

coniurati interea de morte Ciceronis consulis cogitabant. difficile
erat eum oppugnare quod multos custodes circum se semper
10   habebat. tandem C. Cornelius et L. Vargunteius constituerunt nocte
domum Ciceronis intrare et eum in cubiculo necare. Fulvia tamen,
cum de rebus quae parabantur audivisset, consuli ipsi narravit
quantum periculum esset. itaque ianua consulis clausa et defensa,
duo illi coniurati irrumpere non poterant: tantum scelus frustra
15   paraverant. postridie Cicero, quod timebat ne coniurati talia iterum
conarentur, rem ad senatores rettulit; qui potestatem consulibus
dederunt ut se et urbem omnibus modis protegerent.

Names

	Q. Curius -i *(m)*	Quintus Curius
	Fulvia -ae *(f)*	Fulvia
	Cicero -onis *(m)*	Cicero
	C. Cornelius -i *(m)*	Gaius Cornelius
10	L. Vargunteius -i *(m)*	Lucius Vargunteius

Vocabulary

	nobilis -is *(m)*	noble, nobleman
	coniuratio -onis *(f)*	conspiracy
	senatus -us *(m)*	senate
	amica -ae *(f)*	girlfriend
5	glorior -ari	I boast
	dives -itis	wealthy
	coniurati -orum *(m pl)*	conspirators
	cubiculum -i *(n)*	bedroom
	claudo -ere clausi clausus	I close
16	potestas -atis *(f)*	power
	protego -ere	I protect

1   *nobiles ... incenderent* (lines 1-2): what did some Roman nobles
    conspire to do?   [5]

2   *in coniuratione ... expulsus erat* (lines 2-3): what does this sentence
    tell us about Quintus Curius?   [4]

3   *nec ... poterat* (lines 3-4): what weaknesses did he have?   [4]

4   *amicam ... coepit* (lines 4-5):
    (a) who was Fulvia?   [1]
    (b) what metaphor did Quintus Curius use in his boastful promises
    to her ?   [2]

5   *saepe ... narravit* (lines 6-7): describe in full what Quintus Curius
    told Fulvia in an attempt to retain her affection.   [4]

6   Translate the rest of the story (lines 8-17) into good English.   [40]

                                                          [Total 60]

97   *Caesar wishes to make a settlement with rival faction leader*
Pompey, but lack of trust among the soldiers frustrates his attempts.

inter castra <u>Pompei</u> atque <u>Caesaris</u> parvum flumen erat. milites
<u>utriusque</u> imperatoris inter se <u>colloquia</u> saepe habebant. dum
loquuntur, <u>pacto</u> nullum <u>telum</u> iactum est. <u>Caesar</u> igitur <u>P. Vatinium</u>
<u>legatum</u> ad <u>ripam</u> misit, ut haec rogaret: 'nonne cives ad cives de
5   pace <u>legatos</u> mittere possunt? quis vult cives contra cives in armis
pugnare?' talia locutus est; <u>silentio</u> a militibus in <u>utrisque</u> castris
auditus est.

tum ab altera <u>parte</u> <u>A. Varro</u> dixit se postridie venturum esse ut
<u>utrique</u> constituerent quomodo <u>legati</u> mitti et accipi possent. tempus
10   ei rei constitutum est. postridie igitur omnes milites ab <u>utrisque</u>
castris convenerunt, animis parati ad pacem exspectandam. tum
autem e turba <u>Pompeianorum</u> venit <u>T. Labienus</u>: nihil de pace
locutus, cum <u>Vatinio</u> saevissime <u>disputare</u> coepit. subito multa <u>tela</u>
ab <u>utraque</u> <u>parte</u> iacta sunt; <u>Labienus</u> ipse effugit, sed nonnulli
15   <u>centuriones</u> militesque ibi vulnerati sunt. itaque <u>Labienus</u> 'nolite'
inquit 'de pace iterum loqui. pax enim nulla potest esse nisi capite
<u>Caesaris</u> nobis dato.'

Names

	Pompeius -i *(m)*	Pompey
	Caesar -aris *(m)*	Caesar
	P. Vatinius -i *(m)*	Publius Vatinius *(officer of Caesar)*
	A. Varro -onis *(m)*	Aulus Varro *(officer of Pompey)*
12	Pompeiani -orum *(m pl)*	supporters of Pompey
	T. Labienus -i *(m)*	Titus Labienus *(officer of Pompey)*

Vocabulary

	uterque utraque utrumque	each (of two), *pl* both
	colloquium -i *(n)*	conversation
	pactum -i *(n)*	unofficial pact
	telum -i *(n)*	missile
4	legatus -i *(m)*	envoy
	ripa -ae *(f)*	riverbank
	silentium -i *(n)*	silence
	pars partis *(f)*	*(here)* faction
	disputo -are	I argue
15	centurio -onis *(m)*	centurion

1   *inter ... erat* (line 1): what lay between the two camps?   [2]

2   *milites ... iactum est* (lines 1-3):
    (a) what did the soldiers often do?   [2]
    (b) how was this able to happen in safety?   [3]

3   *Caesar ... misit* (lines 3-4): what did Caesar do?   [4]

4   *ut ... pugnare?* (lines 4-6):
    (a) what was the first question which the envoy was sent to ask?   [4]
    (b) what was the second question?   [3]

5   *talia ... auditus est* (lines 6-7): how did the soldiers in the two camps react to his speech?   [2]

6   Translate the rest of the story (lines 8-17) into good English.   [40]

[Total 60]

98   *During Caesar's campaign in Africa against his Republican
enemies, one of his centurions answers defiantly when captured.*

milites quidam <u>Caesaris</u>, postquam navis in qua navigabant
tempestate deleta est, cum <u>centurione</u> capti sunt. ubi ad <u>Scipionem</u>
ducti sunt, '<u>Fortuna</u>' inquit 'vos in meam <u>potestatem</u> tulit. scio vos
ab imperatore scelesto contra <u>nobiles</u> pugnare coactos esse. si tamen
5   <u>rem publicam</u> defendetis, et vitam et pecuniam vobis dare constitui.
itaque dicite: quid me facere vultis?' quibus verbis <u>Scipio</u>
exspectabat se eis facile persuasurum esse.

<u>centurio</u> tamen 'pro tuo' inquit 'summo <u>beneficio</u> tibi <u>gratias
ago</u>, <u>Scipio</u> (non enim imperatorem te voco), quod vitam mihi capto
10   promittis. hoc <u>beneficium</u> autem nullo modo accipere possum, quod
summum scelus <u>adiungitur</u>. egone contra <u>Caesarem</u>, imperatorem
meum, in armis pugnabo? pro victoria eius multos per annos semper
pugnavi. quales copias eum ducere putas? hoc mox cognosces. <u>elige</u>
ex exercitu tuo <u>cohortem</u> unam quam credis optimam esse, et duc
15   contra me. ego ex his militibus, quos nunc in tua <u>potestate</u> captos
tenes, decem <u>eligam</u>, et contra te ducam. tum virtutem nostram vere
intelleges.'

Names

Caesar -aris *(m)*	Caesar
Scipio -onis *(m)*	Scipio *(opponent of Caesar)*
Fortuna -ae *(f)*	Fortune

Vocabulary

	centurio -onis *(m)*	centurion
	potestas -atis *(f)*	power
	nobiles -ium *(m pl)*	nobles
	res publica rei publicae *(f)*	the state, the Republic
10	beneficium -i *(n)*	kindness
	gratias ago	I give thanks
	adiungo -ere	I join (something) on
	eligo -ere	I pick out, I choose
	cohors -ortis *(f)*	cohort *(tenth of legion, about 600 soldiers)*

1   *milites ... ducti sunt* (lines 1-3): what happened to a group of Caesar's soldiers?   [6]

2   *Fortuna ... tulit* (line 3): what did Scipio say to them first?   [2]

3   *scio ... coactos esse* (lines 3-4): how does Scipio here show his opinion of Caesar?   [4]

4   *si ... constitui* (lines 4-5): what offer did Scipio make to the captives, and on what condition?   [5]

5   *itaque ... persuasurum esse* (lines 6-7): what did Scipio think would be the reaction to his offer?   [3]

6   Translate the rest of the story (lines 8-17) into good English.   [40]

[Total 60]

99   *Caesar during his campaign in Gaul finds the enemy unwilling to fight.*

postridie Caesar, ut solebat, e duobus castris copias suas eduxit paulumque progressus aciem prope maiora castra instruxit. hostes diu exspectabat. quod tamen illi non exierunt ut pugnarent, circum meridiem exercitum in castra reduxit. tandem Ariovistus partem
5   copiarum suarum misit ut castra minora oppugnaret. ad vesperam saeve pugnabant. tum Ariovistus copias suas, multis vulneribus acceptis, in castra reduxit.

cum Caesar postea e captivis quaereret cur Ariovistus omnes copias mittere nollet, causam miratus audivit. Germani enim matres rogare
10   solebant num pugnare deberent; illae sorte constituebant. eo tempore moniti sunt ne contra Caesarem pugnarent, cum ante novam lunam Romanos superare non possent. postridie tamen Caesar, paucis relictis ut duo castra custodirent, copias suas usque ad castra hostium duxit. itaque Germani exire coacti sunt. feminae eos in proelium
15   proficiscentes oraverunt ne se Romanis traderent. signo dato, milites Caesaris impetum fecerunt. hostes celeriter superati ad flumen Rhenum fugerunt; Ariovistus navigio invento effugit.

Names

	Caesar -aris *(m)*	Caesar
	Ariovistus -i *(m)*	Ariovistus *(leader of a German tribe allied to the Gauls)*
	Germani -orum *(m pl)*	Germans
17	Rhenus -i *(m)*	the Rhine

Vocabulary

	paulum	a short distance
	acies -ei *(f)*	battle-line
	instruo -ere instruxi	I draw up
	meridies -ei *(m)*	midday
5	vespera -ae *(f)*	evening
	causa -ae *(f)*	reason
	sorte	by drawing lots
	luna -ae *(f)*	moon
	usque	all the way, right up
16	impetus -us *(m)*	attack .
	navigium -i *(n)*	boat

1   *postridie ... instruxit* (lines 1-2): describe in detail what Caesar did on the next day.   [6]

2   *hostes ... reduxit* (lines 2-4): explain how the enemy behaved unexpectedly, and what Caesar did as a result.   [5]

3   *tandem ... oppugnaret* (lines 4-5): what did Ariovistus finally do? [4]

4   *ad vesperam ... pugnabant* (lines 5-6): give one fact about the subsequent battle.   [1]

5   *tum ... reduxit* (lines 6-7): what did Ariovistus then do, and what state were his troops in?   [4]

6   Translate the rest of the story (lines 8-17) into good English.   [40]

[Total 60]

100 *Caesar takes trouble over an important message to the commander of another part of his army.*

Caesar magno itinere in <u>fines</u> <u>Nerviorum</u> advenit. ibi a captivis cognovit res apud <u>Ciceronem</u> in periculo esse. tum cuidam ex <u>equitibus</u> <u>Gallis</u> magno praemio persuasit ut ad <u>Ciceronem</u> epistulam ferret. hanc epistulam <u>Graecis</u> <u>litteris</u> scriptam misit ne, epistula
5 capta, consilia sua ab hostibus cognoscerentur. <u>Caesar</u> <u>equiti</u> dixit: 'sic te moneo: si adire non poteris, epistulam <u>hastae</u> <u>deligatam</u> in castra iace!'

in epistula <u>Caesar</u> scripsit se cum legionibus profectum celeriter adventurum esse. <u>Ciceronem</u> hortatus est ut virtutem <u>retineret</u>.
10 <u>eques</u> <u>Gallus</u> interea cum castris <u>Ciceronis</u> appropinquaret periculum timebat. epistulam igitur, ut iussus erat, <u>hastae</u> <u>deligatam</u> iecit. quae tamen forte <u>turri</u> <u>adhaesit</u>. itaque nemo vidit <u>hastam</u>, quae per duos dies ibi manebat. <u>tertio</u> tamen die a milite quodam conspecta est. itaque miles statim <u>turrem</u> ascendit, <u>hastam</u> extraxit, epistulam
15 <u>Ciceroni</u> dedit. ille epistula lecta milites convenire iussit. deinde eis nuntiavit <u>Caesarem</u> cum legionibus mox adventurum esse; quibus verbis auditis, omnes maxime gavisi sunt.

Names

	Caesar -aris *(m)*	Caesar
	Nervii -orum *(m pl)*	Nervii *(tribe in Gaul)*
	Cicero -onis *(m)*	Cicero *(i.e. Quintus Tullius Cicero, brother of the famous statesman)*
3	Gallus -a -um	Gallic, of the Gauls *(in modern France)*
	Graecus -a -um	Greek

Vocabulary

	finis -is *(m)*	border, *pl* territory
	eques -itis *(m)*	cavalryman
	littera -ae *(f)*	letter (of the alphabet)
	hasta -ae *(f)*	spear
11	deligo -are -avi -atus	I fasten, I tie
	retineo -ere	I maintain, I keep up
	turris -is *(f)*	tower
	adhaereo -ere adhaesi	I get stuck to *(+ dat)*
	tertius -a -um	third

1   *Caesar ... advenit* (line 1): how did Caesar reach the territory of the Nervii?   [1]

2   *ibi ... esse* (lines 1-2):
     (a) what did he find out when he got there?   [3]
     (b) how did he learn this?   [1]

3   *tum ... ferret* (lines 2-4): what did he then do, and by what means?   [5]

4   *hanc ... cognoscerentur* (lines 4-5):
     (a) what did Caesar do to make the contents of the letter less accessible?   [2]
     (b) why did he take this precaution?   [4]

5   *Caesar ... iace!* (lines 5-7): what did Caesar advise the cavalryman to do if he was unable to get close to Cicero's camp?   [4]

6   Translate the rest of the story (lines 8-17) into good English.   [40]

[Total 60]

Appendix: Sources of passages

Section 1
passages based on:

1	Apollodorus *Epitome* 2.16-3.16
2	Livy 1.3-4
3	Livy 1.6-7
4	Tacitus *Agricola*
5	Cicero *In Catilinam*
6	Plutarch *Julius Caesar* 61-8
7	Plutarch *Antony*
8	Luke 1-2
9	Apollodorus *Library* 2.5
10	Aesop *Fables* 124 (Perry)
11	Plutarch *Julius Caesar* 11
12	Plutarch *Alexander* 14
13	Virgil *Aeneid* 5.114-285
14	Ovid *Metamorphoses* 10.243-97
15	Augustine *Confessions* 12
16	Homer *Iliad* 22
17	Plato *Crito*
18	Plato *Republic* 514a-517a
19	Sophocles *Philoctetes*
20	Sophocles *Philoctetes*
21	Virgil *Aeneid* 1 & 4
22	Livy 1.9
23	Plautus *Pseudolus*
24	Aesop *Fables* 258 (Perry)
25	Euripides *Alcestis*
26	Herodotus 5.29-34
27	Tacitus *Annals* 15.60-4
28	Plutarch *Sulla* 28
29	Tacitus *Annals* 1.57-9
30	Tacitus *Annals* 15.38-44

Section 2
passages based on:

31	Hesiod *Theogony*
32	Ovid *Metamorphoses* 1.318-415
33	Ovid *Fasti* 4.425-620
34	Ovid *Metamorphoses* 8.183-235
35	Ovid *Metamorphoses* 4 & 5, and other sources
36	Ovid *Metamorphoses* 4 & 5, and other sources
37	Ovid *Metamorphoses* 4 & 5, and other sources
38	Sophocles *Oedipus Tyrannus*

39   Sophocles *Antigone*
40   Ovid *Metamorphoses* 11.92-193
41   (a) Ovid *Metamorphoses* 11.415-748
     (b) Ovid *Heroides* 18 & 19
42   Apollonius *Argonautica* & Ovid *Metamorphoses* 7
43   Apollonius *Argonautica* & Ovid *Metamorphoses* 7
44   Apollonius *Argonautica* & Ovid *Metamorphoses* 7
45   Virgil *Georgics* 4.453-527 & Ovid *Metamorphoses* 10.1-85
46   (a) Ovid *Metamorphoses* 6.165-312
     (b) Ovid *Metamorphoses* 8.626-702
47   (a) Ovid *Metamorphoses* 11.194-215
     (b) Apollodorus *Library* 3.12
48   (a) Euripides *Iphigenia at Aulis*
     (b) Apollodorus *Epitome* 3
49   Aulus Gellius *Noctes Atticae* 5.14
50   (a) Plato *Republic* 359a-360d
     (b) Horace *Satires* Book 2.6.79-117

Section 3

passages based on:
51   Curtius 3.1
52   Curtius 4.7
53   Curtius 5.6-7
54   Curtius 5.6-7
55   Curtius 8.1
56   Curtius 10.5
57   Eutropius 3.7-23
58   Eutropius 3.7-23
59   Eutropius 3.7-23
60   Eutropius 7.23-8.1
61   Eutropius 8.2-5
62   Eutropius 8.6-7
63   Seneca the Younger *Letters* 90
64   Seneca the Younger *Letters* 4
65   Seneca the Younger *Letters* 15
66   Seneca the Younger *Letters* 47
67   Seneca the Younger *Letters* 91
68   Seneca the Younger *Letters* 77
69   Pliny the Younger *Letters* 1.9
70   Pliny the Younger *Letters* 6.16
71   Pliny the Younger *Letters* 6.16
72   Pliny the Younger *Letters* 9.33
73   Pliny the Younger *Letters* 9.33
74   Pliny the Younger *Letters* 10.96
75   Apuleius *Golden Ass* 2.21-30
76   Apuleius *Golden Ass* 2.21-30

77   Apuleius *Golden Ass* 3.21-8
78   Apuleius *Golden Ass* 3.21-8
79   Apuleius *Golden Ass* 4-7
80   Apuleius *Golden Ass* 11.1-14

Section 4
passages based on:

81   Livy 1.16
82   Livy 1.39
83   Livy 1.56
84   Livy 6.23-4
85   Sallust *Jugurtha* 79
86   Nepos *Themistocles* 2 & Herodotus 8.41
87   Nepos *Datames* 11
88   Livy 7.26
89   Livy 9.30
90   Livy 9. 24
91   Livy 22.7
92   Livy 26.27
93   Velleius Paterculus 2.13-14
94   Cicero *Pro Cluentio* 179-81
95   Cicero *In Verrem* 2.160-2
96   Sallust *Catiline* 23 & 27-8
97   Caesar *Civil Wars* 3.19
98   Caesar *African War* 44-5
99   Caesar *Gallic War* 1.50
100   Caesar *Gallic War* 5.48